媽媽吃魚頭

臺灣飲食學者的家庭餐桌小史

陳玉箴——著

本書獻給我親愛的媽媽 江秀貴女士。

秀氣的秀，高貴的貴，

媽媽在我們心裡，就是如此秀氣又高貴的存在。

目次

第二章——我家的餐桌

第五章——女兒的時代

推薦序　照見簡單、深重的幸福

番紅花（作家）

闔上《媽媽吃魚頭》的最後一頁，我內心澎湃不已，雖非抒情之作，卻燃起我對母親的種種念想。

陳玉箴老師筆下為養育孩子而不斷蒐羅食譜、學習做菜、終究成為家庭料理專家的慈愛母親，已經天上遠遊，而我何其幸運，屬老虎的母親今年八十七歲，雖不硬朗，猶能日日進廚房炒菜、滷肉、煎魚。前幾天，她還炒了一大鍋鑊氣十足的臺式什錦炒麵，尋常的香菇、瘦肉絲、胡蘿蔔、高麗菜、木耳、蛋皮，讓弟弟妹妹們吮指連連，弟弟一邊吃，一邊在 Line 群組發送炒麵照片和讚嘆文字。隔著手機螢幕，那著墨不多的圖文，卻使我充分感受到「媽媽還能做菜」帶給子女的安心與幸福感。

只是，玉箴老師清晰記得媽媽吃魚頭的點點滴滴，對於媽媽的成長背景和數十年的廚藝演進之路，爬梳細膩、觀察敏銳，而我掩卷回想，卻不那麼確定餐桌上的媽媽，究竟喜歡吃哪些菜……

這本書讓我決心得多回去陪媽媽吃東西、說說話，不限於一起吃正餐，早點、下午茶、宵夜都應該是，也可以是我探究媽媽飲食愛好的機會。

最近水蜜桃盛產，我在媽媽家附近的傳統市場閒晃一圈，看見水蜜桃又大顆又掛著枝葉，非常新鮮，遂挑了漂亮的幾顆，心中暗忖媽媽如果不愛吃就算了，至少她可以留著拜拜用，拜拜始終是她這輩子的極重要日常，像是出國買回來送她的日本高級糕餅伴手禮，她一律說，這留著拜拜，拜完再吃。我不確定媽媽喜不喜歡水蜜桃，沒想到正打算去睡午覺的她，見我進門手中那一袋香氣十足的粉紅色桃子，瞬間臉露驚喜，頻頻說水蜜桃好吃！我甲意！我甲意！

這太讓我意外了，總是在尋找美食孝敬媽媽的我，竟然幾十年來不知道水蜜桃是她的NO.1。經過一番仿若閒聊的抽絲剝繭（若問得太刻意，不善展現自我、不想麻煩子女的媽媽會推說她沒有特別想吃的東西），我才知曉媽媽的水果排行榜，依序是水蜜桃、榴槤和芒果。歸納起來，這三者都是甜度極高、有獨特香氣、肉質軟呼呼的水果，風味討喜也適合她現在牙口。過去，我以為媽媽的最愛是西瓜、火龍果、葡萄，其實是因為水蜜桃和榴槤太貴她買不下去，餐桌上的預算，她永遠以孩子為唯一優先，兒孫愛吃的明蝦、干貝、海魚、牛肉多貴都不是問題，而榴槤和水蜜桃只是她偶爾獨食的小確幸。

人活到這年紀，能不斷挖掘到年邁母親真正熱愛的食物，我心中無限感恩，有種「雖遲了但幸好還來得及搶救」的僥倖。陳玉箴老師不僅記得媽媽從年輕到老與食物的種種羈絆，她也以這本書爬梳母親一生經由飲食所展現的人生軌跡和大時代的家庭餐桌，不同於她的前一本學術著作《「台灣菜」的文化史：食物消費中的國家體現》，有別於過去以歷史經緯去檢視臺灣菜的概念源頭和涵義，探討臺灣菜涉及的多層面政治與文化議題，在這本《媽媽吃魚頭》裡，陳玉箴以素樸文字，讓讀者跟著她的家庭餐桌回憶，窺見四十年來臺灣人日常餐桌與農漁村發展的連動關係。飲食學者憶母，縱然胸臆情感奔騰，筆下文字依舊章節有序、結構嚴謹、詞意節制，讀來更是餘韻有味。

身為臺灣飲食文化研究的頂尖學者，食物之於陳玉箴老師的意義，不只是田野，不只是工作，她筆下的每一樣食物都泛透著靈光，而食物背後，有子女的孺慕之情，有父母為養育孩子所努力的一生，也有著大時代的政經變遷與常民美學軌跡。《媽媽吃魚頭》讓我得以回頭重新凝視父母和我的來時路，照見了我那曾經擁有過，簡單卻深重的幸福。

推薦序　以愛餵養

劉昭儀（水牛書店×我愛你學田創辦人）

最近讀到一段文字，大概的意思是：人生免不了經歷難關、顛簸不平的坎、或各種過不去的時刻；若有原生家庭或家人的愛與支持，就可能是助跑後一舉跨越的關鍵。若這是逆轉的神秘力量，那麼《媽媽吃魚頭》的陳玉箴老師，肯定就是個「食力」女超人！

我們是幸運的五、六年級生。在成長的年代，才剛剛開始起跑的社會變動，讓日常雖然緩和向前，卻又在加速度中充滿期待；當時在學校的自我介紹中，總說自己來自小康家庭。小康家庭的樣貌跟我們畫的全家福統統一個樣，就是嚴肅的爸爸，規律出門工作；溫柔的媽媽，負責操持家務；討人厭（喂）的兄弟姊妹，在盟友與背叛者之間偷偷做鬼臉。小孩的小世界，當然看不到整個社會經濟體系的發展與家庭結構的關係。所以爸爸的薪水袋到底怎樣變成我們定時繳交的學費、永遠嗷嗷待哺的三餐點心，與稀薄但卻令人悸動不已的娛樂，以及之後畫面快轉般的搬家、換屋、換電視、冰箱、洗衣機——然後才驚覺，靠著全家省吃儉用的運籌帷幄，終於換得我們體面而自在的長大。

成為大人的我們，建立自己家庭的同時，終於必須面對，讓這個複雜的有機體順利運作，從來就不是件容易的事。但從小以來的耳濡目染變成內建反應，自然而然地便以母親為師，先複製貼上，然後再來尋找當媽媽的流量密碼；即使在社會巨變後的時空現實中，無法按下 reset 重置鍵，但可以搜尋過去的生命經驗，尋找解方。玉箴老師找到了媽媽的味道，重新整理了母親以料理鋪陳的養成軌跡，記錄不同階段、多樣品味的與時俱進，每一次餐桌的繁華盛景，集滿成為家庭巨量的雲端檔案。

因此我也鼓起勇氣，在我的雲端中搜尋母親的菜色。想起炎熱夏天的筍、瓜、龍眼、荔枝，濕冷冬日的蛋包飯、玉米湯、酒釀湯圓、長年菜，還有節日儀式感的端午粽子、中秋烤肉、過年才有歐伊系的烏魚子、切記不許動的年年有魚和全雞的四點金。想起她帶著我去市場展現搭配巧思的快狠準，對於食材的捨得，示範大開大闔的宏觀；想起她是嫁進外省家庭的第一個臺灣媳婦，以她的聰慧與創新，讓我的味蕾敏銳且多元；想起她跟著季節風土做醃漬，教我惜食愛物與深刻的滋味；想起她在冬日的院子裡晾晒的香腸臘肉，我才明白所有的用心與慷慨，是熱情分享給所愛的人；想起她騎著歐兜邁載我到臺中巷弄間的愛店，把我養成愛吃鬼，並且像她一樣跟所有認真打拚的艱苦人做好朋友；想起她總是不聽勸的嗜吃甜、喝冰飲，翻白眼說：「沒那麼嚴重啦，愛自己才是重要！」

現在的我，就這樣順理成章地成為家庭的運轉引擎，隨著時代向前、科技進步，有更多的工具或便利支援家務日常。媽媽卻仍然必須是家裡的有求必應、全年無休。並且在新的思維下，承接更多的挑戰，以不同的姿態，扮演母親、伴侶、專業工作者、甚至社會參與的公民角色。即使睡眠不足，也要吞下孩子的起床氣，以笑臉端出煎好的法式吐司，提醒「出門別忘了帶午餐便當」！但先生的早餐我卻忘了弄——唉呀不管啦，你去吃自己吧，因為我接著滿滿的工作，已經快來不及；近中午，還接到老師的訊息，確認這學期要進班分享食物教育的晨光時間；下午會議的空檔，開始思考晚上的菜單；喔喔！早上忘記設定電子鍋煮飯——算了，等等先去接兒子練球再說吧！女兒放學到家，很氣餒說她數學太爛，應該去補習，我得踮腳才能抱到她，說：「沒關係啦，晚上吃最療癒的紅酒蕃茄牛肉麵。」牛肉前一天就燉好，放隔夜最好吃；所以晚餐前有空檔盯緊兒子寫功課，順便跟著其他媽媽團購的客家鹹豬肉＋1；晚餐桌上兒子又聊起媽媽年度最雷菜色，難道全家都不欣賞把長年菜湯打成法式濃湯，這麼高級的創意嗎？

我坐在餐桌前，看著心愛的家人們在這裡日日累積共同的記憶。不論吃喝說笑、沈默憤怒、離開再回來——想著告訴在天上的媽媽，謝謝妳以愛餵養，把我養成勇敢、強壯但溫柔包容的母親。讓我能成就自己、用自己的方式繼續以食物記錄家族史，期許可以轉化成為孩子們的正能量，在生命遇見難關或孤獨恐懼時，只要想起媽媽的味道，就能忍耐周邊的黑暗；必須對艱難的選擇下決定時，媽媽邊吃飯邊碎念的金句也許會靈光乍現；想起家庭餐桌上的歡樂與飽滿，就能再支撐著向前——如果幸運，也許光亮就迎面而來了！正是讀《媽媽吃魚頭》的過程中，即使因為太想念媽媽的味道而數度掩面，但也因此能笑著哭著重複溫習生命中，因為煮食、品嘗、交流、滋養而成就的豐盛與美好！

推薦序 通往家裡最近的路

謝仕淵（國立成功大學歷史系副教授）

「我想寫母親的菜」，這是陳玉箴教授寫這本書的目的。

玉箴是研究臺灣飲食文化的學友，她的研究著作豐富了我們對於臺灣飲食文化的認識，我拜讀許多，佩服不已。但前此閱讀經驗從未如本書般，具有豐沛的感情能量，書裡的媽媽味，你我都曾有類似的熟悉，比如那「飽到天靈蓋」的滿足，還有想再嘗一口的遺憾。情感的共鳴，帶自己回到那張母親一手燒煮的家庭餐桌。

家庭餐桌的強悍力量，我二十年前剛到臺南生活時體會最深。那時日日沉浸式體驗臺南味，熱情詢問許多在地人，好味在何處？才發現，好味要不是「我家巷口」就是「我都在家吃飯……」有點讓人洩氣的答案。豐美的美食田野，何以要放棄？後來，我才知，無知者，是我。

我接著慢慢聽說：「我家的鍋燒意麵、我家的菜粽、我家的虱目魚粥、我家的肉圓……」原來我所吃過的，都可以有個「家」版本，我家的跟店家的，品項一樣、沒有不同，但用料更多、更豐，因為是給家人吃的，用料捨得——鴨母寮、水仙宮與東市場的高檔魚跟肉，最終都會跟著誰家的媽媽回家。不出門吃飯的人，或許都有位勤於烹煮的媽媽。經常守在爐頭看似苦差事，但有人極喜歡，因為能為所愛的人煮飯，而且看著家人統統吃光，是最大的滿足。在家吃飯，事關延續生命的本能吃飽，當然，味道認同牽連的情感交會，更因此成為日常。媽媽味，通常是通往家裡最近的路。

作者對於飲食文化與歷史有豐富素養與細緻體察，讓《媽媽吃魚頭：臺灣飲食學者的家庭餐桌小史》，能由「媽媽的時代」、「我家的餐桌」、「跟媽媽一起」、「我們這個小家庭」、「女兒的時代」等單元，將家庭的飯桌，視為家族史的一部分。再者，作者更能以感性的家之味，聯繫起理性觀看臺灣社會變遷甚或長時間的歷史脈絡，如同陳家人愛吃雞蛋，但前此臺灣社會普遍的選擇是鴨蛋，傅培梅的食譜風行，但更早的《豐年》雜誌就有類似的單元。臺北城西的飲食生活，透過排骨大王、牛排與冰淇淋等食物，帶讀者認識了起於日治時期乃至戰後新移民的臺灣飲食變遷脈絡。

玉箴筆下的媽媽，是位堅守廚房，極富創造力的發明者。廚房裡的創意，通常先是在味型中加調味、在料材中再增添，最後能夠清楚畫出我家與他家的邊界，而最為顯著的識別，應該就是不同媽媽所調製的家之味。如同即使是同一道菜，在每個家庭都會長得不太一樣，陳媽媽的書架上有傅培梅的《電視食譜》以及施建發的《家庭臺菜套餐》，由此而生的東安雞、紙包雞，指出了媽媽如何運用各種方式體現「臺灣菜有豐富多元的內涵」。

想來這位遵循理性思考與縝密推理的飲食學者，家庭餐桌的閱歷，才是引領她進入飲食文化研究的最初鑰匙。她的母親「花費無數歲月與時間在廚房與餐桌上，以高超的烹飪技藝滋養家人。母親的菜餚是家人永恆的記憶。」

在廚房待了四十二年的陳媽媽，每天至少在廚房三小時，還有一臺用了三十年的烤箱。她幫孩子做了二十年便當。書中所寫的小女兒——陳老師本人，與母親一起逛市場與在廚房裡的互動，媽媽生病時嘗試做菜給母親吃，招待遠道來荷蘭探親的雙親卻吃便宜的鮭魚頭，以及那一碗看似簡單但實則費工的肉羹，或者是自家養成愛吃蛋的習慣。從日常情節到往日追憶，乃至於每個篇章的最後一句話，宛如是給母親的情書——「這本書，像是媽媽一場遲來的道別。」

本書以「媽媽吃魚頭」為名，很能展現母親無私的愛，許多家庭都有媽媽愛吃魚頭、而把魚肉留給子女與丈夫品嘗的故事。陳家也是，媽媽經常是把殘羹剩菜吃完的那個人。然而，其實媽媽是在成為媽媽後才開始「愛吃魚頭」，背後的涵義令人動容。

「我真的好想好想，好想，再煮飯給媽媽吃。」這是玉箴在書裡的許願，也應該是吃著媽媽味長大的兒女／你我／讀者的期待。

就讓我們隨書裡的建言「學點媽媽或爸爸的菜，下廚做給父母吃吧！」也可以「寫自己母親的菜」，或者，先讀讀《媽媽吃魚頭》，沉浸在媽媽味的幸福時光。

自序——家庭的飯桌，就是一部家族史

這本書的出發點，是很個人的原因，我想寫母親的菜。

媽媽是做菜能手、民間隱藏版大廚，我有幸吃了幾十年，也經常跟友人聊媽媽的手藝。念大學時某一天，兩個男同學來找我，提出要求：「那個……常常聽妳說媽媽多會煮，我們聽了好嘴饞，可不可以到妳家，看有什麼工作給我們做，不用錢，讓我們吃上幾頓就好？」

我雖然很想答應以證明所言不虛，但想到這樣媽媽勢必會煮滿桌菜招待同學，一定累翻了，因此還是婉拒。我這也才意識到，自己有多常提到母親的菜。如今思之，這多年的家庭餐桌閱歷，正是引領我進入飲食文化研究最初的鑰匙。

近十年，討論臺灣菜、臺灣味的人確實多了，隨著政治經濟情勢的改變，美食界、餐飲界發生許多變化，臺菜展露復興之勢，呈現出與二十年前我剛投入相關研究時截然不同的景象。《「台灣菜」的文化史》一書，也很榮幸得到許多討論與引用，日文版並在日本獲得「辻静雄食文化賞」。

但我總覺得不夠，當前所談的臺灣菜，好像還是在餐館裡、在小吃攤上、在米其林榜單，那麼，作為一切之根本的家庭餐桌呢？

「家庭的飯桌，就是一部家族史」這句話，近幾年約莫出現在我所有臺灣菜相關演講簡報的最後一頁。如同「臺灣菜」的歷史其實就是一部臺灣社會變遷的歷史，家庭餐桌菜餚的歷史，其實也是一部家庭或家族成員的歷史。每一代新成員的加入，可能帶來不同地區，甚至不同國家的新口味；新的經濟與社會條件，也會促使家庭餐桌發生變革。

這本書以我母親的菜餚為主軸，但不僅是談食物或烹飪技藝而已，我更想了解，這些食物的發生與轉變，與臺灣的社會變遷間有什麼關聯？畢竟我們每一個人，都不是單獨生存，而是鑲嵌在時代與社會之中。

因此，討論涼拌菜，須先聊聊冰箱什麼時候開始普及；家裡開始吃有機食物，先檢視一下臺灣的有機風潮為何興起；要定義「臺灣菜」，那麼就先回顧「族群菜的融合」是怎麼在家庭餐桌上發生吧。

這本書結合了個人故事與歷史研究，我用許多史料回溯了過去，但其實，自家餐桌的變化，也是歷史變遷的一部分。

必須承認，這本書並沒有到「家族史」的規模，因為光是母親這一代的變化就已經太巨大，值得用一本書好好寫下。這改變不僅在食物上，從廚房科技、家庭結構、工作型態、外食頻率，乃至性別角色，都已經發生極大改變。臺灣每個家庭的餐桌，都是一本有趣的歷史故事，值得細細書寫與品嘗。

更重要的是，在歷史的框架下，我想把媽媽的菜寫下來。儘管她已不在，但媽媽圍繞著廚房與餐桌花費的無數歲月與時間，滋養了家人，是高超的烹飪技藝，更是我們永恆的記憶。書末，我的手足，也一同寫下對母親菜餚的追懷，以此紀念。

我相信，在許多家庭裡都有這樣一位隱藏版大廚，可能是媽媽、阿嬤／阿婆／奶奶、爸爸，或阿公／爺爺，他們都是烹製家庭滋味的要角，亦是我們心念之所繫。

此書的出版，感謝聯經黃淑真主編耐心等待、細心修改。這本書，獻給生命中所有曾經陪伴我母親跟我們家人，給予我們溫暖的所有人。謝謝你們！

第一章

媽媽的時代

豐原的孩子

一九五〇年，扭轉臺灣命運的韓戰爆發，美國第七艦隊協防臺灣。彰化、南投從臺中縣劃出、獨立設縣，臺中縣政府也因此從員林遷到豐原。我的母親就是在這樣的時局，出生在臺中豐原，成為家中最小的孩子。

豐原舊名葫蘆墩，小時候常聽大人說，這裡「水清、米白、查某水」，盛產好水、好米，及美女，但要到很多年後接觸臺灣史我才知道，豐原的特色遠遠不僅止於此。

曾是中部鐵路樞紐的豐原火車站，早在日本時代一九〇五年就已建置，稱為葫蘆墩驛。根據一九一二年《臺灣鐵道案內》的介紹，葫蘆墩的人口有五千七百八十二人，以葫蘆墩米及水果產區聞名。該年，「臺灣製麻會社」（地方上習慣稱「布袋會社」）於豐原設立，在沒有塑膠工業的年代，這裡是麻繩、麻袋的重要產區。鄰近地區也因此種植了不少黃麻作為製麻原料。在地人很愛的「麻薏」就是黃麻的嫩葉，尤其是在臺中研發的黃麻品種特別適合食用。因此，相較於大麵羹與我其實沒怎麼吃過的東泉辣椒醬，我對臺中的認同，有更多是來自夏天的番薯麻薏湯。

接著發生的，是日本人大力推動的伐木工業，八仙山林場、大雪山林場開伐，豐原設立製材所，成為木材存放、轉運、加工的據點，也轉變為中部重要的交通樞紐與商業中心，豐原的製麻、製材、製紙、鳳梨罐頭、磚瓦業、糕餅業等，隨著區域蓬勃發展有了一席之地。木器工業的發展也帶動漆器產業及相關的美術工藝，到了一九七〇、一九八〇年代，臺灣外銷出口的漆器已經有九成產自豐原。

我太晚才明白，母親的故鄉，原來是這樣豐富美好的城鎮。

幺女

外公與外婆在尚未出世時即被指腹為婚，之後跟隨命運生下九個孩子。外公在日治時期經營腳踏車店，成為地方上頗有聲望的商業經營者。原本好不容易攢下數棟房產，但因為那年代常見的「幫人作保但那人跑路」，只得變賣房子替人賠錢，幾棟房子陸續賣掉，僅留一棟自住。母親出生時，家中經濟雖不甚佳，所幸較長的兄姊們都已外出工作賺錢，媽媽的童年還不至於太辛苦。但外公的遭遇或許也因此影響了健康，在我很小時，他就已離世。

外婆的家族來自現在的臺中北屯，她跟媽媽一樣嬌小而清秀，幾乎留了一輩子長髮的她總是挽著髮髻，我只在僅有幾次能留宿的晚上，看過她在古董梳妝臺前放下長髮。外婆非常溫柔，我從沒聽過她大聲說話，但或許就是因為她太溫柔了，九十幾歲的人生裡吞忍了好多難以言說的委屈，母親看在眼裡經常垂淚，而跟外婆相同的是，她們都選擇以佛法自渡，也渡人。

作為家中最小的孩子，母親即使跟年齡最接近的姊姊也差了四歲，跟最小的哥哥則差了足足八歲，雖得到全家百般疼愛，但因兄姊多已成年、出社會工作，或正忙碌求學，小女孩時期的媽媽沒什麼玩伴，也因此嚮往當姊姊。她經常拿來當笑話說的一件事，是她小時候曾拿著糖果跟鄰居的小孩說：「叫姊姊，我就給你糖果喔！」

我覺得，其實媽媽不僅想當姊姊，還想當老大，但不是頤指氣使、作威作福的老大，是那種霸氣型，樂意「罩人」的老大。她的這種霸氣後來表現在餐桌上，呈現方式是豐盛的一整桌好料、絕不讓人腸胃留下絲毫空隙。請客時的菜餚必然豐盛蔓延到桌邊差點無處可放，水果也是一箱箱的叫，就怕我們吃不飽、吃不好，也成就了我們這些有口福的孩子們。

外公沒有田產，也因此沒有自己栽種的稻米蔬菜，日常所食大抵需要到市場購買。當時，住宅後方是一座菜市場，小時候我去外婆家，後方市場傳來的雞鴨叫聲就是常見的背景樂。現宰雞鴨是臺灣人長期以來「新鮮」的王道，大家一般認為肉品冰過就不好吃，一直到二〇一三年，為了控制禽流感的傳播而制訂了法令，全面禁止在市場內現宰雞鴨，所有家禽都需要在合法屠宰場中處理，加上此時期超市已盛行，許多消費者開始改到有冷氣的超市賣場採買，真空包裝的各式冷凍肉品銷量才大幅成長。

母親童年因為家中人口多，必然使用大灶，如此才足夠供應十人以上的菜餚分量。家裡吃食皆由外婆親手烹製，少有休閒零嘴。趁著煮完飯，灶上大鍋底部熱熱的鍋粑加點糖，就是孩子們期待的零食。當時的日常配菜也很簡單，外婆會跟孩子們一起製作醃漬菜來「配鹹」，例如醃瓜、蘿蔔乾等，是平日佐餐的主要菜色，在眾多鹽醃漬品中，鹹鰱魚已是桌上不錯的佳餚。

儘管平日餐食素樸，外婆在節慶時必定自製許多節慶食物，發粿、甜粿、粽子，都是孩子們期待的美味。母親也常跟前跟後，享用剛做好的年節美食。

不過，小孩都喜歡非正餐食物的滋潤，若問媽媽她小時候喜愛的食物，提到的多是零食，例如日本時代就有的「紅豆丸」。母親的最愛則是「バター」（奶油butter），每次提到奶油，她的眼裡就有光，臉上笑靨如蜜。好多年後，我再看到類似的笑容，那是一個百歲爺爺，當旁人問到他最喜歡的零食，他立刻臉上每條皺紋都笑開地說：「金柑糖。」過去不易吃到的零食，彷彿是把金鑰，能立即把人拉回童年最美好的時光。

◆廟東

家在土地公廟旁，廟前的石獅子、葫蘆墩的墩腳，都是小女孩遊玩的地方。玩累了，有時外婆會帶去廟東吃些特別的點心。

鼎鼎大名的廟東，就是豐原媽祖廟旁那條狹窄卻充滿美食的街道。只要回豐原，我們家人一定會去豐原媽祖廟拜拜，後來讀了《水竹居主人日記》*才注意到，原來

*《水竹居主人日記》由豐原人張麗俊（一八六八—一九四一）撰寫，收錄於中研院臺史所「臺灣日記知識庫」（https://taco.ith.sinica.edu.tw/tdk/）。

大家從小叫到大的「豐原媽祖廟」，真正大名其實是「慈濟宮」。

慈濟宮真的歷史悠久，清代已成廟，廟口已有市集，是豐原重要的宗教中心，更由此延伸出重要的商業發展地帶，與臺灣其他地區類似，拜拜人潮多，自然形成商圈，而廟東市場的眾多小吃，就這麼滿足了幾代豐原人與拜拜香客的肚腹。

外婆總是會帶著她排行最小的三個孩子去拜拜，拜完便偶爾應孩子們的要求買點市場點心嘗嘗。媽媽最喜歡吃的，是肉丸（肉圓）跟鳳梨冰。這裡的老牌肉丸當然是油炸的，浮沉在金黃色油鍋裡，撈起後香酥可口，食用時必然配上蘸醬與那壺免費的清湯。無須爭辯或掙扎，我長大後當然也喜愛炸肉圓（而非蒸肉圓），童年口味就是這麼無懈可擊。

吃完肉圓，來杯清爽鳳梨冰，母親予我的豐原日常瞬時復刻。

母親在校成績優異，本來師長認為她一定會進臺中女中初中部，但人算不如天算，考試當天，媽媽搭客運赴考場路上嚴重暈車，被老師送下車子，根本無法參加考試，之後便遵照家中建議，改念省立豐原商業學校初中部，直升豐商的高中部。婚後等孩子稍大些，才又去念國立臺北商專的空中商專進修學校銀行保險科*，平日觀看電視教學，週末偶有實體課。年齡尚幼的我們，也參加了媽媽的空專畢業典禮。

一場無法預期的暈車事件永遠移轉了媽媽的人生軌道，我後來偶爾會想：如果當年穿上了中女中的綠制服，媽媽的人生發展會是如何？我又將出生在地球的哪個角落呢？

或許母親會說，女兒啊！多想無益，面對它、接受它、處理它、放下它吧。媽媽後來常說這話，那神情與外婆好像，而我每回想起，那畫面都有些模糊，或許是影像重疊，也可能是因為我已淚目。

啊，我該去豐原廟東，吃碗肉圓跟鳳梨冰了。

---

* 首創於一九六五年，為今日的「國立臺北商業大學空中進修學院」，是臺灣第一所遠距教學的學校。

小姐變大廚

當代臺灣外食便利，許多女孩即使結婚後也不需下廚。但在更早一輩，即使婚前是十指不沾陽春水的職場女性，婚育後卻很少有其他選擇，得立刻蛻變成十項全能的超人母親，甚至必須在婚後就立刻辭職，背負起「作個賢妻良母」的社會期待。

一九八七年，主計處有一項關於「做家事時間」的調查，顯示女性每天做家事的時間平均達到三小時二十四分鐘，而男性僅有二十一分鐘。可以說幾乎都是太太在做家事！到了二〇〇〇年，情況稍有變化，女性做家事的時間大幅減少為二小時十九分鐘，男性做家事的時間也略成長，但是！僅增加到二十八分鐘，比十三年前多出七分鐘。到距今較近的二〇一六年調查，有配偶的女性每天做家事時間平均是二小時十二分鐘，男性則是三十八分鐘，仍是增加有限。簡言之，家中大多數家事仍是太太在做，且當中有不少時間是花在買菜、煮飯、清潔等廚務上。

◆傅培梅的電視弟子

媽媽也是「小姐時代」不下廚的時尚女性，但在那個年代，結婚後她和許多女性一樣，必須立刻投身廚房，而她好勝的個性也在此展露。她無比認真地買食譜學習，更常向人請教，特別是市場的菜販，他們總是熱心鼓吹客人們購買某種菜、肉，傳授烹煮密技。每回有新蔬菜上市，或有特別珍稀、需提前保留的豬肉部位，如豬腰，他們都會第一時間告知媽媽，顯示對老主顧的特別優惠，再扼要地傳授祕訣：「腰子先燙一下，用麻油、薑快炒才嫩啦！」

有時，家裡要請客，媽媽會先認真地查食譜，找尋合適的菜餚，再跟老闆預訂食材。她書架上的食譜書琳瑯滿目，出版年分最早的，是一九七二年傅培梅編的《電視食譜》。

傅培梅一九三一年出生於中國東北大連，父親是山東人，在大連開設進口歐美食品的洋行。由於大連自一九〇五至一九四五年都是日本的殖民地，因此傅培梅六歲便進入日本幼稚園接受日本教育，自小就會說日語。二戰後，她在一九四九年遷徙到臺灣，之後便與山東同鄉結婚。

傅培梅在自傳中提到，因為先生嫌她廚藝不精，為了「在先生面前爭回一口氣」才開始勤練廚藝，甚至花費重金聘請餐廳名廚至家中指導，學成後便進一步開班授課，十分受歡迎。後來，她不僅出版了五十幾本食譜，還成為第一位在電視教授烹飪的主持人，從一九六二年十月十日臺灣第一家電視臺「臺灣電視公司」開播，就開始主持烹飪節目。

有好長一段時間，傅培梅的電視教學節目是每天五分鐘，在短短的時間內精準呈現所有做菜流程。有時我剛好趕上在那關鍵的五分鐘到家，就會看到媽媽穿著圍裙，拿著小筆記本，關注地看著電視，瞥見我進門便立即無聲示意：不要講話。見狀，我臉上總是燦笑立現，因為——晚餐又有新菜可以吃了！

傅培梅原本不會下廚，花了高昂的學費精進廚藝，但在成為烹飪名師後，收入卻都交給了丈夫。其實，那個年代的妻子們類似處境者不知何幾！還有更多原本不會下廚的女性，結婚後就算無法花錢請人來教，也得想各種辦法學習烹飪，並忍受家人的批評，最終練成強大的烹飪技藝，造福我們這些孩子。

翻開傅培梅編的《電視食譜》，上面有不少媽媽做過記號的菜，包括紅糟雞片、清蒸鮮魚、乾燒茄汁明蝦、紅燒牛肉麵、荔枝魷魚捲、砂鍋鰱魚頭，還有蘿蔔糕！這些菜色當中，不少在我家餐桌常見。翻著泛黃的書頁，想著當時新婚的媽媽，也許就是像這樣翻著這本食譜找尋合適菜色，再硬著頭皮烹調吧。新手下廚，她當時，是慌亂還是篤定呢？

◆李梅仙與阿發師

除了《電視食譜》，媽媽架上還有李梅仙的《家常宴客菜》。這本一九九二年出版的食譜，書中已印有精美的照片，比起僅有文字的食譜，大增了百倍吸引力，我在中學時也很喜歡翻看。

李梅仙是浙江人，高中畢業後就結婚。原本是家庭主婦的她，偶然認識了北師專（今天的臺北教育大學）校長葉翟霞（胡宗南先生的夫人），因此在該校當了兩年助教，開啟她的烹飪教學生涯。之後她在多所學校、機構教授烹飪、出版食譜，培訓廚師。她的食譜也很有媽媽的味道。

購買這本食譜時的媽媽，在烹飪上已駕輕就熟，但每天下廚的負荷不小，她需要新的靈感以求變化。食譜中的京醬肉絲、羅宋湯、蠔油牛肉、醉雞、三杯雞等等，都是媽媽的拿手菜。她甚至費心地做過「生菜蝦鬆」，用生菜包覆著油香細緻的蝦鬆，比餐廳做的還美味。再翻到「鳳尾明蝦」，媽媽正是教我用這道菜通過了中學的家政考試。想到青春期的自己對媽媽頤指氣使，如今對著食譜，真是說不出的後悔。

媽媽還有一本《家庭臺菜套餐》食譜，是我家第一本書名有「臺菜」的食譜，作者是現在的臺菜大師「阿發師」施建發。一九九四年李安的電影《飲食男女》大紅，也讓電影中真正做菜的大廚阿發師受到矚目，他在一九九七年出版了第一本食譜，也就是媽媽買的這一本，以四菜一湯、五菜一湯、六菜一湯一冷盤的形式來設計套餐。

蔭豉蚵、鹹酥白帶魚、青椒牛柳、豬血湯、西滷白菜、樹子苦瓜，真的，這些菜就是家裡常吃的熟悉味道，其中我最愛的媽媽拿手菜椰花蟹腳、豆瓣劍筍，或許也是來自這本書的靈感。不過對童年的我來說，這本書裡最讓我印象深刻的不是什麼古早味名菜，而是「紅燒水蜜桃」，作法是把罐頭水蜜桃和蝦仁以紅燒方式烹調。

過去，罐頭水蜜桃對小孩子來說可是一大珍品，因為當時沒有什麼機會吃到新鮮水蜜桃。罐頭水蜜桃的香甜微酸滋味誘人。偶爾，我們會全家一起吃一罐水蜜桃，小孩子們總搶著把罐頭內剩餘的甜汁喝完。也許當年是因為罐頭水蜜桃珍貴，才有了水蜜桃入菜的想法吧！

在烹飪上，媽媽好學不倦，除了食譜，也做各種剪報，蒐集報紙、雜誌上的食譜，剪貼成一大本，並在旁邊做上私房筆記。就這樣，媽媽悉心學習，婚前不諳廚事的小姐成了家裡的頂級大廚，我們的成長過程中，從來不乏好吃的家常菜與宴客菜。

如今翻看這些食譜與剪報，揣想當年媽媽一則一則剪下、閱讀，盤算要烹煮哪些給我們吃的心情。想給家人們換點新口味、想聽到孩子的一聲「哇！」、想看到見底的餐盤，這興許是每位從小姐變大廚的媽媽們在廚房裡共同的小小心願吧！

第二章

我家的餐桌

吃不膩的家常菜

在大學教「臺灣飲食文化」數年，我很喜歡調查學生家裡常吃哪些家常菜，方法是請學生們寫出家裡最常吃的五道菜。雖然每個班僅五十人上下，樣本有限，但幾年調查下來也有不少有趣的發現。例如，穩居排名第一的家常菜是炒高麗菜，包括各種加料變化版，培根炒高麗菜、香菇高麗菜、香腸高麗菜等等。這當中我自己最喜歡的，是蒜香清炒高麗菜。排第二的是各種蛋料理，菜脯蛋、煎蛋、醬油蛋、紅蘿蔔炒蛋、番茄炒蛋都有。第三名之後，則開始展現各家風味了。煎鮭魚、香菇雞湯很常見，但也有少數家庭喜歡泰式、義大利麵等異國風味，甚至就連紅酒燴牛肉，也可以是家庭餐桌上常見的一道美味。

家常菜我們天天吃、常常吃而不膩，就像白開水，最為溫潤滋養，雖非山珍海味，但若幾天吃不到，真的會全身不舒服。就拿各種炒青菜來說吧，它們絕對是臺灣人心目中的大熱門家常菜，尤其是在國外旅行或走跳過的人一定知道，在歐洲、美國甚至日本都不容易吃到，使得這看似再普通不過的「清炒青菜」，成為格外讓人想念的家鄉味。

◆有媽媽的餐桌

媽媽的家常菜變化多，當然也有些固定班底，前面提到的炒青菜即是，而且她每餐至少會炒兩道青菜。為求變化，她喜歡加其他食材拌炒，例如：大白菜炒蟹腳、新鮮金針花炒草菇、鱈魚塊炒青花菜、黑木耳炒高麗菜、大蔥炒蝦仁蛋等。也很常出現的食材是鮮香菇，它真是百搭，就連番茄炒蛋裡也會出現香菇切片的倩影。從營養學角度來看，這樣在一道菜中涵蓋數種食材的作法，不但美味，還能吃到多元營養素，健康意識十足。從小孩的觀點，一口之中有多種美味，即便有些蔬菜不是那麼喜歡，但在其他食材的掩護下便接受度大增，最後美味總是獲勝，讓人一口接一口地吃下去。

有媽媽張羅的餐桌總是很豐盛，她一餐至少會煮五菜一湯，在湯之外，一定有兩樣蔬菜、一魚、一肉，另一道則不一定，總是充滿驚喜，可能是豆類，也可能是另一道肉或特殊的「加菜版」，也就是偶爾買來的現成熟食，或者明蝦、豬腳等特製好料。記得有一次，驚喜的那第五道是「蝦子玉米南瓜盅」：先在南瓜蒂頭處往下約三分之一處橫向下刀，將南瓜剖成兩半，再將之削皮但不再切塊，保留南瓜的形狀，放入蝦子跟玉米，最後蓋上蒂頭部位作「蓋子」，整顆放進電鍋蒸熟。上桌時，一整顆飽滿的南瓜形狀別緻、滋味美好，簡直就是高級餐廳菜，我們一同享用南瓜裡的好料，作為容器的南瓜也一起配著吃掉。我想即使是在高級餐廳，這道菜也不容易點到吧！

另一個更讓人期待的，是「加菜」。不管遇到好事、壞事，媽媽都會幫我們「加菜」，表示祝福或慰問。

「今天加菜喔！」媽媽總笑吟吟地把佳餚端上桌，奮力喬出位置，在已經滿到沒地方放碗筷的餐桌上再喬出空間放上一道菜，我們也甘願一直捧著碗，興奮地吃到撐肚子為止。我家餐桌常見的風景，是吃完飯後姊姊捧腹喃喃：「我肚子好圓。」我手比喉嚨表示：「已經飽到脖子！」弟弟則說：「我真的飽到頭頂了啦！媽啊，太好吃了！」媽媽總是滿意地笑看我們。

「飽到天靈蓋」這說法，在我家幾乎天天具現化，而讓我們肚子與心皆滿腹的，是媽媽的愛。

◆拿手菜

二〇〇五年我出國念書之前，知道自己一定會想念媽媽的菜，因此每天拍下餐桌豐盛的風景，出國後將這些照片設為電腦的螢幕保護程式。當年，家中的餐桌風景使我在異邦思鄉時望梅止渴，如今則用來想念媽媽，也幸好有這些照片紀錄，我們得以重現當年媽媽的拿手家常菜。

紅燒魚、醬油煎豆皮、甘蔗雞、絲瓜炒蛋、清炒地瓜葉、蓮藕排骨湯，這是夏天餐桌上的常客。打個蛋入絲瓜，滋味更添甜美，而當季的蓮藕與排骨同燉更是經典湯品，小時候覺得蓮藕吃起來就像餅乾，總是先把湯喝了，再一片片吃碗裡的「蓮藕餅」。挑食？那從來是不存在的問題。

屬於夏天的必備料理還有香煎北白仔、燙綠蘆筍、里肌豬排、炒空心菜上面點綴蛋一枚、涼拌皮蛋豆腐、大黃瓜貢丸湯。家中的湯品多是自熬的高湯，或某種蔬菜加上排骨，偶爾會以貢丸、魚丸代替，熱湯裡細藏了菜肉結合的精華，加上細心熬煮的時間陳釀，即使在炎熱夏天裡也想喝。

媽媽的拿手肉類菜餚種類豐富。有段時間，她常做白切肉，看似簡單，但最難的關鍵是肉要夠好。媽媽的好料理，往往是從好食材開始，她會叮囑肉攤老闆為她留下一塊嫩嫩「邊肉」，拎回家後水煮，放涼後切片，食用時蘸點蒜頭醬油，鹹香的滋味讓人在夏日忍不住一片接一片。香煎里肌是我家的秒殺菜餚，備料時需先以肉槌「伺候」一遍，孩子們特別喜愛這個拿槌子敲肉的工作，在廚務中順便發洩青春期無處去的煩悶感！接著，里肌肉會醃漬起來，入冰箱靜置數小時，下鍋前記得先拍上一層薄粉。

冬天，筍絲焢肉是桌上的光，有時麵腸、油豆腐也會同鍋滷，搭配豆醬芥菜、蟹腳冬粉、蝦米蒲瓜、紅燒秀珍菇豆腐、鹽烤鮭魚、老菜脯香菇雞湯。另外還有糖醋排骨、豆苗蝦仁、紅燒茄子、煎虱目魚、肉醬炒豆干、南瓜湯，我家餐桌冬天的菜從不因季節縮水，而以味豐、厚脂抵擋冬天不時吹襲的刺骨寒風。尤其那道西餐廳也會賣的黃澄澄南瓜湯，是媽媽特別參考許多食譜研發出來的集大成之作，打入濃湯中的是堅果而非奶油，就連不愛南瓜的弟弟也被收服，總是要添第二碗。

見底的湯鍋、空了的碗盤，是對母親大人的致敬。餐桌上每天都有這麼多好菜，我們外食的欲望也大大降低。

◆難以重現

家常菜雖不特別困難，但也絕不簡單。不僅每道菜需要的食材眾多，準備佐料、調味品也頗費事，烹調技法更要細細琢磨，才能在一小時內有效率地出六、七道菜。如今，我掌廚也超過十年了，回顧媽媽的家常菜，發現有許多道雖有傳承，但精巧度卻因技術或材料而遠遠不足，其中更有幾道雖非複雜菜色，要重現卻已艱難。

一道是炒三菇。滙炒金針菇、香菇、草菇三種菇類，再加點蠔油與蔥段，清香好吃，只要上桌，絕對（被我）清盤。然而當我想回味這一道菜時，卻發現自己竟很久不見草菇了。怎麼回事？草菇去哪了？原本我以為是家附近的市場規模太小，但連續跑了幾家中型市場卻仍一無所獲，最後是在濱江市場才買到。仔細一查，原來這與臺灣草菇產業的發展有關。

草菇主要產於東南亞國家、印度、中國東南部等，臺灣是在二次戰後開始發展草菇產業，一九七五年成為全球第二大產區，年產量將近兩萬公噸，僅次中國，新鮮草菇或草菇罐頭都是重要出口品。然而，臺灣對草菇的內需市場不大，加上從國外進口更便宜，再加上許多新菇類興起使菇農轉種，種種因素下，如今臺灣草菇的產量已與過去大相逕庭。二〇一五年的草菇交易量是一百五十三公噸，到了二〇二三年只剩九十三．三公噸，相較鮮香菇一千公噸以上的數字，可以理解如今為何在臺北市要買個草菇會不容易了。

另一道難以重現的是豆干炒榨菜。這道菜如字面所示，豆干與榨菜切細絲，起油鍋，先下榨菜炒香，再加豆干，有時拌炒肉絲或香菇。享用這道菜的時候我其實可以不配飯，常盛一碗起來便直接吃。

當年媽媽指定使用的，是家附近「復興醬園」的榨菜。這家「復興醬園」自一九八〇年開始營業，在以前去菜市場的必經之路上，位於公寓住宅區的一樓，賣醃漬的醬菜和豆瓣醬等。小時候，榨菜是一球球的販售，一進店門就能聞到濃濃醬香。頭髮銀白、身形有些佝僂的瘦老闆總是親切地打開醬缸，挑選出兩球榨菜讓我們帶回家。好多年後，媽媽也有了白髮，榨菜則換成真空包裝，甚至已經切好，賣的人也不再是老老闆了。

豆干炒榨菜這道菜我做過好幾次，它看似簡單，但要炒到豆干一咬下就有榨菜的鹹香卻不容易。我經常炒出同床異夢版，豆干、榨菜各自為政、僅保有各自的味道。我把問題推到榨菜上，認為一定是因為榨菜不同，才讓我炒不出原本該有的味道。

然而，即便用了相同的榨菜，味道卻總是不對。

是油太少？豆干不同？還是火候不對？如今，榨菜依舊，這道豆干炒榨菜的味道卻遺失了。這麼家常不過的一道菜，我卻再也炒不出記憶中的味道。

消暑必備涼拌菜

◆聖地冰箱

每年夏天，當暑氣充盈，涼拌菜就成為必須，而讓涼拌菜真正沁人心脾的要角，是冰箱。

冰箱早在十九世紀就已現蹤，只是一直要到一九二〇年代之後，電冰箱才開始進入家庭，並先在美國普及。研究指出，一九三〇年代美國家用冰箱的使用者，以中產階級以上的白人家庭為主，這時間點正是現代電氣化廚房開始發展的重要階段，電冰箱在廚房占據中心位置。家中有個冰箱存放食物，象徵了家庭裡的食物不但充裕而且衛生，而家庭中的女主人是廚房冰箱最主要的使用者，冰箱裡放些什麼食物、如何擺放，通常是媽媽說了算。

到了一九六〇年代，臺灣的家庭廚房也跟上潮流開始電氣化，過去主要的烹飪廚具「灶」及「烘爐」退場。不過初始用電冰箱的家庭還很少，一九六六年的統計顯示，每一百戶家庭中，僅有六・一臺電冰箱、八・七臺電視機，洗衣機更稀少，只有〇・六臺。我還有著小時候回臺中時，陪媽媽到溪邊洗衣服的記憶。

到了一九八〇年，家電普及率終於大幅成長。最普遍的是電視機，當時六成九家庭中有彩色電視機、三成一有黑白電視機。另外接近六成五家庭有洗衣機、五成一有電話，也有高達九成二家戶有電冰箱了。不過，雖然電冰箱的普及程度大為提升，但還不到家家戶戶具備的程度。當時的家用冰箱，也無法跟今天容量超大、功能齊備的冰箱相比。

幼年時，我家僅有一個約一百三十公分高的電冰箱，白色的外觀如同冰箱設計者所強調的，象徵了潔白、衛生。冰箱的冷凍庫很小，如今想來，應該只相當於目前一般冰箱的一個小抽屜而已。

冰箱是聖地，我們小孩要打開，需抱持虔誠的心，並且守規矩，冷凍庫地位更高，可不能隨意探訪。一九八〇年代後期，家裡換了大些的進口黃色冰箱，冷凍庫依舊神聖不可侵犯，一打開，大人的叮嚀就會竄進耳裡：「不要開冰箱太久！浪費電！」僅能很快窺看冰箱裡有什麼清涼物事，再飛速取出。夏天時，偶爾我們會冒著被罵的風險，打開冰箱偷偷享受冷氣拂面的快樂。美國影集《六人行》（*Friends*）中有一集的劇情是，摩妮卡（Monica）公寓的暖氣開關壞了，無法調降溫度，適逢聖誕節，主角們只好在隆冬裡開熱帶派對，熱昏的眾人還在冰箱前排隊，輪流吹冷氣，這情景實在令人心有戚戚焉，親切得不得了。

◆鹹蜆仔、醬油豆腐、涼拌小黃瓜

當時冰箱內部空間狹窄，能冰的東西相當有限，必定是媽媽每天下廚需要用的食材。我家常見的涼拌菜，非鹹蜆仔、醬油豆腐、涼拌小黃瓜莫屬。

鹹蜆仔來自市場裡賣蛤仔的攤子，是夏天假日常吃的好物。蒜頭醬油醃漬的鹹香蜆仔冰涼帶點辣味，在炎夏裡非常下飯，配稀飯尤其令人胃口大開。童年時，每天早餐都吃媽媽煮的稀飯，不管再熱騰的稀飯，只要配上點冰涼鹹蜆仔便立刻降溫，適宜入口。

涼拌豆腐、皮蛋豆腐也是省時好吃的零廚藝美食。買一塊板豆腐，簡單淋點醬油就是清爽的夏日選擇，想吃辣些就切點蒜頭。曾吃過一間餐廳的名菜——芥末豆腐，如其名，是在涼豆腐上擠些芥末醬，其實這道菜一點也不難，在家自行製作還可變換多種口味，加個皮蛋，再撒上蔥花、肉鬆或柴魚片，一分鐘即可大啖。

一份皮蛋豆腐其實不夠我家五個人吃，每次我都覺得不滿足，而想來是壓抑太久了吧，多年後我自己在外頭住，做的第一餐就是一大盆皮蛋豆腐。欲望爆發後的結果，是吃完這超大份的皮蛋豆腐後，我有好一陣子與豆腐皮蛋相敬如賓。

相較於技術性需求低的皮蛋豆腐，涼拌小黃瓜就不同了，廚藝高低立判，好吃與否差很多！這道菜看似簡單，但作法多元，味道多變，酸甜、麻辣、鹹香……風味萬般。母親的涼拌小黃瓜走的是蒜辣風，好吃的訣竅是必須用刀背拍裂小黃瓜再切小段，拌入的大量蒜頭也以相同手法刀背伺候，有時還會加上在市場買的綠豆粉皮。我極喜愛這道菜，若非顧及家人，可以獨自吃完整碗公。

◆遽增的幸福

一九八〇年代，隨著冰箱變大，家中涼拌菜的種類更加豐富，我們冰涼的幸福也遽增。其中有不少道菜來自外食的體驗，媽媽先在餐廳看到或吃到，回家後想方設法重現美味。

涼拌干絲、涼拌菜心、臺式泡菜還有滷味，這些常見的麵店小菜，在我孩提時因家中並不寬裕，為了省錢，外食時幾乎是不點小菜的。我總是眼巴巴地看著小盤子裡盛裝的油亮小菜，不敢說自己想吃。

孩子們的心思真的很難逃過媽媽的一雙鷹眼。她眼見我們饞，不多時便上菜場買干絲、紅蘿蔔、芹菜，查閱食譜，一大盤涼拌干絲於是現身晚餐桌上。餐桌這一頭，媽媽豪氣宣布：「吃吧！比外面賣的更大盤、更好吃喔！」另一頭，是感激涕零的我。

比干絲製作工序更為複雜的涼拌海蜇皮，過去並不常見，因為以一九七〇年代為分野，此前臺灣本島不產海蜇皮，僅馬祖較多，市面上的多為進口，此後產量逐漸上升，但仍屬昂貴，菜市場僅偶有小攤販售涼拌海蜇皮，且是以半斤甚至兩來計價，可見並不便宜，且這半斤當中還摻有大量的榨菜、小黃瓜絲。看在媽媽的眼裡，外面賣的涼菜海蜇皮含量少，根本划不來，不如自己動手做。她習慣買來兩張海蜇皮，細心地清洗、切絲、燙熟，拌入其他切絲的菜料、調味，端上桌的是讓人過癮的好大一盤海蜇皮，每每吃得我牙齒、下巴全都痠起來。

隨著冷凍、冷藏設備逐漸普及，涼拌菜更受歡迎了。一九八八年，臺灣書市出現第一本專門的涼拌菜食譜。到了二〇一〇年，涼拌菜食譜大幅增長，甚至還出現了新興的冰箱「常備菜」食譜，媽媽的涼拌菜也隨之有了更多變化，其中一道我最愛的涼拌三絲，是我成年後媽媽最常做的。三絲就是小黃瓜、紅蘿蔔、金針菇。作法是小黃瓜、紅蘿蔔切或刨成極細絲，用鹽抓過，加入燙熟的金針菇拌勻，再以少許鹽、香油調味。這道菜既解暑又具飽足感，在炎炎夏日裡，即便吃上一大盤也沒有罪惡感。以現在的標準來看，是標準高纖、低醣的健康美食。

除了三絲，我還喜歡各式以蔬菜為主角的涼拌菜。蔬菜清燙後配以醬料，例如燙茄子配蒜頭醬油、燙苦瓜配百香果汁，作法不難且變化多端，各種酸甜苦辣鹹，滿足了夏日的味蕾。

媽媽過世前一年，體重遽減，已沒有力氣在廚房大動干戈，我也較頻繁地回家，有時帶些我煮好的菜餚，有時在家煮點爸媽愛吃的菜。

我做的涼拌菜總是不合媽媽口味。例如涼拌小黃瓜，我做了加梅汁的酸甜口味，且切的是薄片。媽媽的評價是：「不錯吃，但我還是比較喜歡用刀背拍的蒜味黃瓜。」有次做了涼拌三絲，媽媽品嘗後傳訊息給我：「香油一或二滴即可，增加香氣，或撒上白芝麻，一起拌一拌，但不要多，搶了主菜光彩。」最後還不忘加一句：「參考之。」她總是如此，給予建議，但尊重孩子的意見。

那次之後，媽媽食欲更差，我再也沒有機會做蒜味黃瓜跟涼拌三絲給她吃，遑論再改進。

「媽，這次有沒有進步？有沒有比較好吃？」如果能再做一次，我很想很想，這麼問她。

夏日甜湯冬日暖

如今被視為臺灣「國飲」的珍珠奶茶，對我來說，是相當年輕的一款飲料。記得第一次喝珍珠奶茶是高中時，在臺北南陽街的一家無名小攤。當時調製奶茶使用香氣相當人工的奶精粉，也不見封口機，我偶爾會為了裡面的好吃粉圓，在補習時買上一杯。

時值一九九〇年代，臺灣手搖飲店開始蔓延大街小巷，休閒小站、快樂小站、樂立杯、葵可立、快可立等泡沫紅茶飲料店紛紛創立，有些店銷售驚人，一天可賣出兩千多杯。不多時，人手一杯梅子綠、百香果紅、珍珠奶茶成了街頭常見景象。後來，掀起鮮奶茶風潮。店家紛紛標榜自家奶茶使用鮮奶而非奶精粉，不少飲料店還會在門口展示鮮乳品牌，以知名鮮乳吸引重視鮮乳來源或品牌的消費者。過去在南陽街喝的奶精奶茶雖然仍在，但不再居明星C位。

手搖飲產業的興盛，背後推手之一是臺灣酪農業及鮮乳的普及。不過雖然流行又普遍，至今我喝的頻率仍是一個月不到一次。一部分是因為在意身材，大學時期對體重斤斤計較，很明顯感受到手搖飲的致肥力，一部分則可能是記憶研究者所提示的，幼時的味覺記憶塑造了一個人主要的飲食喜好，而手搖飲在我的童年味蕾當中並無一席之地。

◆古老的夏日甜點

我的童年飲料，是冬瓜茶、養樂多，還有歷久不衰的愛玉、仙草、豆花。

臺灣氣候炎熱，從很久以前開始，人們就鍾愛喝涼的，只是因為電冰箱要到二十世紀中期才較為普及，此前臺灣人只能仰賴各種天然清涼飲料，特別是被認為有「退火」神效的熬煮茶類，包括以晒乾植物熬煮而成的米仔茶、麥仔茶、龍眼花茶、菊花茶、仙草茶、地骨露、朳仔茶（烘焙番石榴葉）等等。這些植物類茶飲經過久煮、放涼後，喝起來消暑降火，若再加點糖，更是沁人心脾。

除了青草茶類的飲料，早在清代就有的夏日甜點還包括：愛玉、米苔目、粉圓、粉條等等。是的，沒錯，以地瓜粉或樹薯粉為原料的粉圓，清代就已現蹤。除了加入經典的糖水，還有帶點酸味的「酸水」——沖泡提煉砂糖後多餘的糖蜜而成；以及「冰清水」——以冰糖沖泡而成。這些帶著些微甜味的涼水是古早時代解暑的重要飲品。若再加上米苔目、粉圓，不只消暑，還能解餓，是相當受歡迎的清涼點心！

即使沒有冰箱，消暑的甜品可從未缺席。

仙草、愛玉、綠豆湯是小孩的最愛。媽媽去菜市場買菜，常順道帶一大塊仙草凍或愛玉凍回家。比起愛玉，我們更常吃仙草，原因是媽媽聽說許多愛玉是「假的」，也就是原料並非天然愛玉，而是洋菜粉。

媽媽總是以手掌為砧板，在其上輕柔地劃刀、切塊。

切好的小塊仙草滑落鍋中，糖水濺起些微香甜的味道，我總是驚嘆於媽媽的鐵掌，一面迅速備好自製冰塊、餐具，昂首企盼能夠趕緊裝上一大碗，先喝為快。

◆碳酸飲料

現在相當受歡迎的碳酸飲料，是十八世紀下半出現的，且來自英國，飲料中的氣泡來自打入水中的二氧化碳。

這清涼感特殊的氣泡飲料，後來輾轉傳到日本。其中，加入檸檬汁的蘇打水lemonade由於來自西方，被日本人稱為「荷蘭水」，依據lemonade的外來語發音，日本人將之稱為ラムネ，之後再發明將彈珠裝在瓶口的販售方式，也就是臺灣早期極受歡迎的彈珠汽水。

彈珠汽水之類的碳酸飲料雖然好喝，但價格不低，且一瓶分量不多，不是普通孩子能負擔。我們常喝的，是媽媽牌自製冷飲。

母親曾煮過一陣子的麥仔茶，稱之「白咖啡」，不過因為糖加得少，不太得小孩子青睞，反而大人愛喝。

偶爾，我們會說想喝冬瓜茶，原因是當時在學校，同學們如果買便當，會附養樂多、健健美或袋裝的冬瓜茶。冰冰的冬瓜茶袋上布滿小水珠，看起來相當好喝的樣子。如果在小店購買，這樣的冬瓜茶一袋要價五元呢！

接收到小孩子的渴望，媽媽偶爾會買茶磚回家，煮一大鍋冬瓜茶冰鎮，給我們解解饞。至於養樂多，則是在帶我們上菜市場之際，若剛好碰到養樂多阿姨，就直接阿莎力地帶回一打。養樂多滋味酸甜，且據養樂多阿姨的說法，能幫助消化，因此媽媽並不反對我們喝。

當時沒有意識到，母親一直是我們的許願池。我的童年回憶裡，盡是這些甜蜜、令人滿足的食物。現代有些人認為應該嚴格禁止小孩子吃含糖食物，但上述這些甜品是我童年快樂的重要來源，而且其實並不常吃到，也因為如此，反而更加珍惜。

◆豆花與刨冰

養樂多之類的冷飲已然珍貴，但還有更「高級」，更讓我們期待的——豆花！

除了在菜市場裡小小豆花攤偶爾打打牙祭，更好的享受是在夏日夜裡，全家散步到公園旁一家座位寬敞、滋味更棒的豆花店。趁著夜風吹拂，爸媽心情正美麗，是個提議來碗豆花的好時機。我們總是點花生豆花，店家上菜的速度極快，看著碗裡的碎冰與豆花相映襯，加以每人都能獨享一碗、不用「公家」，對小孩而言真的是奢華享受。

每次回程，口裡的餘香支撐著睏倦的小女孩，走長長的路返家歇息，期待著不知何時能再喝到的下一碗豆花。

豆花無法自己做，但刨冰可以。簡易型刨冰機於菜市場或五金行即能購得。先用刨冰機附的碗裝開水製冰，接著手工轉動安上冰塊的刨冰機，就能在家刨出晶瑩剔透的冰品了。刨冰疊了一層又一層，終成一碗，淋上煉乳、果醬或糖水，就算沒有其他配料也好吃，而且成本低廉。

有好些年，我們都仰賴自製刨冰，度過一個一個炎熱的夏天。

一九九〇年代之後，與時俱進的媽媽還曾做過椰汁西米露、自製布丁。即使天氣再熱，再怎麼讓人想在外面買點涼的，一思及家裡豐富、免費的清涼冷飲點心——啊！還是決定回家再吃吧！

◆來點熱的

夏日需飲涼水、喝涼茶，冬天也需要來點熱的。

燒仙草、紅豆湯、熱豆花、花生湯是臺灣最受歡迎的冬季甜湯，其中母親最常煮的是紅豆湯，特別是在冬至，一定會準備一大鍋紅豆小湯圓。

現在大家相當熟知的燒仙草，其實是一九八九年左右才出現的甜品，搭配花生、花豆、粉圓等配料，主打有養顏美容、降血壓等效果，在市場上獨具一格。不過，仙草本身其實不會凝結，需加入澱粉再加熱糊化才成燒仙草，也因此，燒仙草冷卻後就會變成仙草凍。

燒仙草問世，喜歡自己動手做的媽媽再次出馬，很快買來芋圓、地瓜圓、各種冷藏蜜漬豆類。我們獲得的不是小小一碗燒仙草，而是滿滿一大鍋，可以盡情取用。

夏日涼品、冬日甜湯，自製的甜蜜滋味是媽媽的魔法。臺灣清涼飲料的發展史就在我家餐桌上演，至今仍如此。現在，我的女兒會自製木瓜牛奶、珍珠奶茶、水果氣泡水，我們也愛到豆花店或冰店，一同享用愈來愈豐富豪華的豆花與刨冰。

我請孩子吃豆花時，總是不計成本、豪氣干雲。因為，我吃的不是豆花，是那藏在糖水、蜜香裡，傳承的記憶。

麵食、水餃、酸辣湯

我很愛吃麵。有多愛吃?在留學時期住在荷蘭的三年中,我用電鍋煮飯不到十次,但煮麵倒是煮了上百次。

剛開始研究臺灣菜時很常聽到一個說法:臺灣是在二戰之後才開始吃麵食。「愛麵族」如我心中當然對此大感疑惑。這個「麵食」指的是什麼?包子饅頭?麵包蛋糕?還是麵條麵線?除了麵條,我愛吃的綠豆椪、漢餅、麵茶,不也都是麵粉做的嗎?這些食物不都是阿公阿嬤時代就有的「古早味」嗎?怎麼可能到戰後才出現?

如今,我已經可以確定,即使麵包、蛋糕是在日治時期興起、一九七〇年代後才普及,但其他食物都可以溯及更早。即使不能說普遍,但至少在臺灣是有跡可尋的。

麵條如豆菜麵、擔仔麵，最晚十九世紀下半就已現蹤臺灣。更有文獻說明，中國華南地區十九世紀就有很高的麵粉消費量，若探究福建飲食文化，的確也有不少麵食，隨著移民流轉到東南亞地區，成為所謂「福建麵」，更不要說長輩做壽時會吃的麵線，雖然臺灣仍以稻米為主食，但人們對麵條類並不陌生。

我之所以愛吃麵，或許是因為從小常吃吧。

小時候，早餐雖大多吃稀飯，但假日時也會到巷口的豆漿店，買蛋餅或一盒盒裝好的涼麵。滿滿的小黃瓜絲、黃色油麵與麻醬，熱天裡總肖想著能一口氣吃上兩盒。

週末中午，我家也常吃麵。長大當煮婦之後很能明白為何如此，因為煮一鍋麵比煮一餐飯簡單多了！日常煮一餐給五個人吃，至少要備四樣菜，但煮麵只要一鍋就可了結。媽媽每天煮豐盛的菜飯，一餐幾乎都是六、七樣菜，到了星期六，大家上班、上學半天回家，中午煮一餐比較簡單的麵，不但能快速填飽肚子，也可以稍作放鬆。

媽媽通常煮的是什錦湯麵，湯鮮麵甜，加入多種蔬菜、肉片、蛋，特色就是「料好又超大鍋」，十人份電鍋內鍋裝得滿滿當當，而且每回菜料都不同，甚至還出現過鮮干貝這種高檔食材。

麵食不僅菜料自由又奔放，麵條本身也有多種選擇。例如，從柑仔店買的雞蛋麵、爸媽故鄉臺中的「永豐麵」，還有黃色的油麵，此外，麵條本身也有不同口味、用途供選擇。我的一位表姊結婚後搬到臺南，常常寄整箱鹽水意麵給我們，收到的那一陣子，我們幾乎每週吃意麵。這些麵風味各不同，乾麵、炒麵、湯麵也有合適搭配的不同麵體。

獨自在荷蘭留學時，沿襲此風，我也喜愛去超市採購各種風味的麵條，意麵、烏龍麵、白麵，再搭配大量青菜與印尼辣醬，就是快速滿足的一餐。

不過，論到要快速上菜，水餃比煮麵還要快。

研讀早期飲食文學作品時，由於當時的作家大多來自中國北方，因此經常寫到餃子，如劉枋就曾多次提到「好受莫如倒著，好吃莫如餃子」這句家鄉話，她自己則說「見了餃子不要命」。在她筆下，不僅餃子皮作法講究，餡料也會用上豬肉、蝦、海參、羊肉或牛肉等，並搭配冬瓜、筍丁、大白菜、韭黃、茴香。傅培梅也在書裡提到，她的丈夫最喜愛黃魚餃子。這些描寫每每讓我垂涎欲滴，好想吃看看這些特別的餃子。

餃子的確變化多端，孩提時代，在家包水餃也是非常盛行的活動，當時沒有這麼多水餃品牌或水餃店，而且在家包餃子一點也不難，水餃皮在市場裡即可購得，且各家可以創造自己喜歡的口味，大人小孩共襄盛舉。

我家的水餃是最受歡迎的基本款：高麗菜肉水餃。雖然沒有書裡寫的眾多神奇口味，但簡單即美味。而且最重要的，是家人一起準備餐點的過程。

要包水餃的那一天，媽媽自市場買回兩落水餃皮及新鮮絞肉，將高麗菜切細絲、絞肉醃製後，呼喚大家來一展身手。小孩們於是圍在桌旁，媽媽則邊包邊巡邏，看我們哪個包得不好，同時跟我們說笑聊天。圍著圍裙的媽媽，或衣服上沾了些水餃皮的粉，或製作餡料時沾上的些許蔥屑，記憶中她總是神采奕奕，真的好美。

其實準備水餃的料不難，真正影響好吃的關鍵是調味，媽媽試了多種配方，雖然比起外面賣的水餃來說經常偏淡，但更可以保留高麗菜絲的甜味，豬肉又新鮮又粉彈實在。

媽媽包的水餃延續她做好、做滿且餓不得人的一貫風格，絕對碩大無比，小小一圓水餃皮擠塞入海量餡料後呈現膨大狀態，僅有小小空間可以黏合，勉強可捏出一些餃皮的花樣。神奇的是，這樣飽滿到極限的水餃，下鍋後竟然很少破掉，顆顆碩大健全。

包好後通常已接近中午，水餃可立刻下鍋，午餐就是現包新鮮大水餃。搭配自己調的蒜末醬油香油，一早上的努力幾乎是一餐清空，整套流程更豐富了我們的週末假日。

單吃水餃不夠，經常還要配碗湯。許多水餃店、麵店會提供湯品，諸如貢丸湯、豆腐湯、酸辣湯、蛋花湯、餛飩湯等等，其中，酸辣湯需較為費工烹煮。

麵店的酸辣湯作法各不相同，有些僅是加入少許菜料但施以厚重勾芡，很容易燙口，喝完感覺肚裡增加了不少澱粉；也有些店家在調味上揮灑了濃厚的胡椒與醋，一入口很酸很辣很過癮，吃完卻口乾舌燥，嘴裡好似留下滿滿調味料。

我們在家裡吃水餃不一定會配酸辣湯，比較常搭配玉米排骨湯，或是快煮濃湯包，但媽媽不時也會費心準備一鍋。

自家烹煮絕對和外面館子裡的不一樣，一定滿滿的料，紅蘿蔔、豆腐、木耳、竹筍、雞血或鴨血，全部都要切細，添上薄薄勾芡、較淡的調味，要酸要辣，家人們可以自行再做調整。

我的口味較重，一定會加上烏醋再狂撒白胡椒。邊吃水餃邊舀一口湯來配，或直接把水餃加進湯裡變成酸辣湯餃，都非常美味。

下麵條、煮水餃、煮酸辣湯不難，但現代家庭好像愈來愈少人做這些了。

媽媽吃魚頭

「媽媽吃魚頭」是小時候經常聽到的一句話，這伴隨著一個故事：媽媽烹調了一盤魚，魚肉讓給先生與孩子們吃，自己僅默默啃著沒什麼肉的魚頭。孩子問媽媽：「妳為什麼吃魚頭呢？」為了不讓孩子難過，媽媽說了謊：「因為媽媽喜歡吃魚頭啊！」孩子於是記在心裡，長大之後請媽媽吃飯，仍將魚頭留給她。媽媽問為什麼，孩子說：「媽媽，妳不是最喜歡吃魚頭嗎？」總是吃魚頭沒魚肉吃的媽媽，只好苦笑在心裡。

這個流傳已久的故事，也是我們家餐桌上的笑談，只是「魚頭」變為殘羹。

記憶中，吃飯時媽媽面前經常擺著小盤的「私房菜」，那其實不是什麼真正的美味，而是放了較多天的剩菜，但年幼的我並不知情，以為那是媽媽私藏的好料，總是飛奔趨近，大喊：「媽媽！妳在吃什麼？我也要！」惹得媽媽每每苦笑。小時候，我認為只要媽媽自己在吃的都是美食，不管媽媽怎麼解釋，我都要夾一口來嘗。

媽媽說，其實她和我一樣，小時候只要看到外婆在吃東西，總是會嚷著要一起吃，還會逼著外婆把嘴裡的東西拿出來給她看，才終於相信她並沒有偷吃什麼美味的零食。

多少年來，節儉持家的母親總不願意浪費，經常冒著肚痛的風險，吃完餐桌上的「魚頭」——剩餘或隔餐的食物。

當然，一定會有人抗議：「魚頭很好吃啊！可以說是珍饈呢！為什麼吃魚頭代表吃得不好呢？」

的確，魚頭是否屬於珍貴菜餚並非各地皆同，這與地理環境有關，沿海或養殖魚較多的地區取得魚類或水產相對較容易，甚至覺得懂吃魚頭才是行家。有句臺語俗諺

「見頭三分補」，指的就是吃魚頭非常滋補，甚至認為「吃頭補頭」，吃魚頭可變聰明。一九八〇年代，臺南佳里就已有專製虱目魚魚頭罐頭的廠商，一個罐頭裡有八個魚頭。如今，仍有不少愛吃魚頭的饕客，容易吃到魚的地區，應該也不是「媽媽吃魚頭」故事的發源地。但過去沿山地帶或都會區其實不易吃到新鮮水產，若難得有魚可吃，當然覺得魚肉比較好。

◆吳郭魚的土味

我自小在盆地邊緣的山腳下長大，童年時魚的確不常上餐桌。一九八〇年代，稍微常吃的大概只有吳郭魚，且出現的頻率僅一個月兩三次。媽媽常以豆瓣烹調，掩蓋魚肉有些明顯的土味。

吳郭魚跟秋葵一樣原產於非洲，一九二〇年代後期引進東南亞，因此當時被稱為南洋鯽。一九四六年二戰後初期，屏東人吳振輝與高雄人郭啟彰兩位先生從新加坡帶回此種魚的魚苗到臺灣，經過雜交育種，因能大量養殖、價格便宜，成為戰後的主流食用魚種之一。當時的養殖法使吳郭魚土味較重，因此，除了在購買時得憑經驗挑選品質較好的魚，還較常以紅燒或豆瓣烹調，或煮成香辣的重口味，為的是讓土味化為至淡。

對我來說，因為魚不常見於餐桌，要吃，當然得從頭到尾吃乾抹淨才行，就連骨頭上的細肉、魚頭、魚眼睛都不放過，也因此發現吳郭魚的魚頭十分美味，偶爾輪到我吃魚頭，必定用舌齒細細咬齧、吸吮，彷彿啃樹果的松鼠。

一九九〇年代之後，家裡吃魚的次數多些了，但常去的市場魚攤仍少，只有一家固定常在，大型木頭推車上總整齊放置清晨批來的鮮魚，除了熟面孔吳郭魚，還有長長的白帶魚銀光閃閃、半條鱈魚雪白鮮嫩，鮭魚、肉魚也是攤上常客。媽媽經常與賣魚的老闆熱烈攀談，討論水產時價及作法，我則與推車在人群外圈，靜候媽媽拎著今日戰利品，穿越人牆而出。

◆蝦與蟹，海鮮珍品

偶爾一次，我會暗示媽媽：好久沒吃蝦仁了喔！

魚攤賣的蝦仁是老闆以俐落手法剝好的鮮蝦，並非批發蝦仁，因此特別貴，我也不敢常常吃，不過媽媽不時會買三兩蝦仁回家，滿足我的想望。

少少的蝦仁下鍋，加上很多顆蛋拌炒，黃嫩嫩的炒蛋盈滿蝦香，滋味不輸蝦仁本體。這作法簡單的蝦仁炒蛋，至今名列我的愛菜清單。

除了蝦仁，一般的蝦類也屬於奢侈品，當時能夠買到的主要是劍蝦，體型不大，因此更需好好細心對待。媽媽會準備牙籤給我們，大家一起慢慢勾破蝦背、挑出完整腸泥，再剪去蝦頭上太尖的小刺。待每隻蝦都被伺候得整整齊齊，才能呈給媽媽下鍋快炒。

從價格論之，若蝦子屬水晶等級的珍貴品，螃蟹就更是鑽石級的水產了。吃螃蟹的機會不多，一年至多一兩次。秋天，媽媽會做桂花螃蟹（小時候都稱其為「螃蟹炒蛋」）。預告有螃蟹可吃的那一天，剁蟹、調味到大火加蛋快炒、米酒噴香、下蔥段，香味擁擠著自廚房瀰漫而出，我總早早聞香而來，殷切等待佳餚的上桌。跟蝦仁炒蛋一樣，對我而言，蟹味蛋比螃蟹本身更好吃。或許是因為螃蟹主要是給爸爸享用的珍品，我們小孩子只要啃個蟹腳、吃個蛋，就已經心滿意足了吧。

媽媽有吃到螃蟹嗎？

回想起來，只顧大快朵頤的自己，竟完全沒留意到這件事。耳邊只迴盪著媽媽的催促：「吃吧！吃吧！趁熱吃！」

還有一味青蒜烏魚也是媽媽的拿手菜。秋風起，不僅螃蟹上市，烏魚也排著隊，等著再冷一些，就要來了。約莫十一月初，新聞會報導著今年第一波烏魚即將報到，媽媽這時會請市場魚販留意。等烏魚到貨，連同魚一起購入的還有大把青蒜。搭配醬油青蒜的烏魚有種特殊的鹹香甘味，好吃極了，就連剩餘的醬油魚湯我都能喝下肚。

這些年，烏魚大量減少，我也沒學到媽媽的調味配方，不管再怎麼煮，都煮不出記憶中的味道。烏魚變了，煮的人也變了。

無論魚頭好不好吃，「媽媽吃魚頭」這句話現在是愈來愈少聽到了。

或許是因為美味水產已經相當普遍，或許是在家料理魚的媽媽變少，也或許，是母親們較懂得善待自己了。

如今，我的確是個會私藏好料獨享的媽媽。若煮了盤好料，我不會把最好吃的部位全讓給家人，而是大家一起分享。孩子入睡後，更要拿出私藏的零食或小酒，度過一段獨屬於我的美好時光。有時，我還會趁接小孩前的自由時刻，默默鑽進小店吃碗冰或豆花，當作自己的小祕密，也是一種充電，為稍後即將上工的「媽媽」角色做好準備（「當媽媽」無疑是一種專業）。

每當這時，我總是想起吃魚頭的媽媽。

過節吃好料

現在有所謂「儀式感」一詞，適度的儀式感能使人感到幸福。回想起來，媽媽多年來以各種深具儀式感的節慶食物滋養我們，讓我們充分以五感體會每一個節日，的確積累了深深的幸福。

隨著每年不同的節日到來，節慶食物隨不同節氣輪流上桌，端午包粽、過年的甜粿、發粿、糖果，還有中秋節吃月餅、柚子，甚至等我們大了些，媽媽也順應潮流準備起了耶誕大餐、跨年大餐等等。

特殊的儀式性食物讓孩子們充滿期待，且節慶氛圍濃厚，父母的愛與重視更在其間蔓延。每年每年吃著粽子、刈包、湯圓的我們，嘴笑開開，真的好幸福啊！

◆粽子是偷吃的最好吃

許多飲食文學作品都會寫到節慶食物，我相當喜愛的一位作者，是寫《府城的美味時光》的辛永清。她一九三三年出生於臺南，長榮中學畢業後赴日本武藏野大學學習鋼琴，之後定居日本，成為知名的料理家。她最初並非致力於料理，而是鋼琴，之所以有此轉變，當中影響最巨的，就數她在臺南故鄉安閑園見聞、品嘗的家庭料理了。

綜觀辛永清於日本出版的食譜，會發現她花了不少篇幅介紹臺灣的節慶食物。例如在第一本食譜裡，她依照正月料理、祭祀、端午、有故事的料理、精進料理、過年料理等主題，介紹各民俗節慶獨特的故事與菜餚。

這些節慶食物，往往由母親負責製備。

過去，烹飪是女性必備的技藝，以前的媽媽們是十八般武藝俱全，不但日常煮食三餐、製作醃漬食，逢年過節更要大張旗鼓，準備各式應景節慶菜餚。

「媽媽！今年什麼時候要包粽子？」

「媽媽，記得做刈包喔！」

在零食有限的年代，小孩子總翹首盼望過節時讓唇舌甜蜜蜜、油滋滋的限定美味。媽媽們則是忙進忙出，張羅食材、備料、烹調，忙上老半天，甚至要花個兩三天在廚房裡轉悠，好不容易才能大功告成。

逢端午、包粽子，粽子在我們家地位非凡，尤其在小孩進入升學體制後，為了聯考「包中」的吉祥寓意，粽子更是必要。考生本人必定要親自去包上幾個，以親手包粽來比喻考上志願學校。

包粽不單只是施行「包」這個動作而已，而是連串環環相扣，缺一不可的動作，非常費勁，除了備料複雜，還需要大量的刀工與臂力。買好粽葉、棉繩及各種材料後，首先切肉，不能太瘦也不宜太肥，須切成小拇指大小，並兼顧每塊都附恰當的油脂。接著是切香菇細絲、蝦米剁碎、菜脯切細，這稍微簡單一些，對我來說最費力的是剁紅蔥頭末，過程既嗆辣又費手勁，總是以感動的涕淚期待著紅蔥頭爆香時的濃烈香氣。

好不容易一切準備就緒，終於可以開始炒菜料。熱鍋，先下豬肥肉爆香，使之產生油脂，下紅蔥頭、菜脯，依序加入香菇、蝦米，炒香後繼續拌炒豬肉並以醬油、鹽調味。此時的廚房早已溢滿香味，菜脯的鹹香、香菇的清香與豬肉厚實的油香共舞，引得小孩們引頸企盼，一鍋菜料甫裝盤，數雙筷子便以迅雷不及掩耳之勢進攻。我們總是邊吃邊在心裡嘀咕：「天啊，這個料直接吃就超讚了啊！何必費事地還要用飯包起來？」非得吃到被媽媽喝止：「不要再吃了啦！等一下沒有料可以包了啦！」才不情願地放下筷子。

我們沉浸在偷吃菜料的興奮時，媽媽正準備糯米。洗好的糯米需不斷翻動，炒到半熟，過程中為避免黏鍋，不能久置，比炒菜料更加辛苦，因為米非常重，嬌小的媽媽須以兩手握菜鏟才能炒得動。一旦黏鍋，今年的粽子大致也就毀了，因此這項大工程，母親大人斷不敢讓我們小孩子負責。

包粽子的儀式感，還建立在須先用椅子、長棍設立好作業的位置。選定良位後，牢牢地掛上棉繩，洗好的粽葉瀝乾，放在一旁的臉盆中，一切就定位，媽媽終於坐了下來，熟練地取粽葉、包餡料，巧手包出一顆顆粽子，以棉繩綁縛，逐漸累積成一大串，最後再整串送入蒸籠蒸熟，終於大功告成！

如此料理的粽子有粽葉香，不會過鹹，餡料與糯米香氣融合為一，是媽媽牌粽子的味道，外頭的粽子全然無法比擬。只可恨駑鈍的我至今仍包不出可靠又不露餡的粽子，沒再能回味。

◆冬日節慶食

媽媽也自製過年糕。

婚前，年糕都是外婆負責做的，媽媽僅旁觀過作法，從未有實戰經驗，婚後，則換她在臺北的小公寓裡獨自努力，一再嘗試。在沒有調理機等機器輔助的年代，做年糕相當費力。得先把糯米、蓬萊米長時間泡水、磨成米漿，接著把米漿裝在棉布袋內，用重物壓出水。去除了水分的粉團要再加入糖膏，這才能送入大蒸籠。

我家後陽臺有一個洗手臺，是爸爸用水泥、磁磚自己建造的。人說小孩子要三歲以後的事情才會記得，但我腦海中始終存有一個三歲前的畫面：媽媽在後陽臺的洗手臺，壓著巨大的米漿袋。具體究竟是用什麼壓，我已記不得，甚至就連媽媽做的年糕味道也忘了，但卻一直記得大米漿袋滴著水，媽媽在一旁不斷施力、滿頭大汗的畫面。

那幀相片定格般的畫面銘印深刻，每到過年，我總會想起那不斷挑戰自己的超人母親。

許多節慶食物屬於冬季。寒冷的天裡，往往非常需要食物溫熱心情。

除了過年，冬至時媽媽也會煮上一鍋紅豆湯圓。小小的圓仔又黏又香，小時候的我覺得圓仔就像一顆顆可以吞的口香糖，在嘴裡嚼啊嚼，配著甜甜的紅豆湯一碗接一碗。真奇妙，當時不管怎麼吃，都不會胃脹氣。

冬至過完馬上是尾牙，爸爸有機會參加公司的聚餐抽獎，小孩們則期待媽媽犒賞的豐盛刈包。

刈包宴須備花生粉、酸菜、焢肉，缺一不可。其中焢肉是主角，必然要精選肥瘦適中的五花肉滷製，但我常覺得，五花肉的好壞差異不大，讓刈包好吃的要角，其實是酸菜。

酸菜自然是媽媽自己炒的。從市場買來一大把醃漬好的酸菜，清洗後剁切，力道與方式形塑了酸菜的大小及口感。一般來說，切細一點比較好，但我喜歡摻雜些粗粒的酸菜，嚼之有聲，更覺美味加倍！

媽媽炒酸菜會加蒜末、薑末、辣椒絲、鹽及些微的糖，此外應該還有些機密的調味方式，可惜已隨她到了天上。總之，在大鍋內翻炒著的酸菜是我心之所繫。每回當大汗淋漓的媽媽終於將炒好的酸菜端上桌，我便會立刻盛一碗當飯吃。此時還沒忙完的媽媽，則捶捶痠痛的手臂，回到廚房接著清洗鍋子，收拾善後。

如果要拍一部電影記錄媽媽的刈包，這個媽媽揮汗捶手臂的畫面，絕對是很重要的鏡頭。而鏡頭一轉，就是忙著拿刈包夾肉、夾酸菜、加花生粉的孩子們。

東安雞、紙包雞與珍珠丸子

媽媽好學不倦，經常學新菜，我總期待著放學回到家一打開房門，就聞到從廚房流洩而出的美味香氣，也期待等會能偷吃幾口剛上桌，還在冒煙的新口味。

有天回家，見桌上有盤陌生的菜，好奇心大起。雞肉絲我認得，旁邊還有些辣椒絲、蔥絲、木耳絲，這些配料說起來似乎不太特別，但我們家餐桌上其實很少出現雞肉絲菜餚。二話不說，趕緊拿雙筷子「試（偷）吃」，不料才剛入口，深諳我習性的媽媽，已精準地逮到我這個現行犯。

「這是東安雞，好吃嗎？」她站在廚房門邊問。

東安雞，什麼奇怪的名字？難道，還有西安雞、南安雞？

「唉呀，看食譜學的啦！剛好有昨天吃剩的白斬雞，撕成肉絲再利用。」

哇，還要撕成肉絲，感覺有些些費工。

想不到，之後撕雞絲成了我們這些小孩子的工作。其實，過程還滿療癒的。乾柴的雞胸肉不太受我們歡迎，總是乏人問津，但撕成肉絲，添上辣椒、醋、蔥絲等快炒後，酸酸香香，入味極了。

當時怎麼也想像不到，不受青睞的雞胸肉，竟會在二十一世紀後成為受歡迎的熱門健康食物。無論是便利商店、標榜健康的餐廳，還是健身者的菜單，一定有它的蹤影。

長大之後才知，東安雞發源於湖南東安，在臺灣的湖南菜館曾頗為盛行。一九八二年孫運璿擔任行政院長時，宴請摩納哥元首雷尼爾三世及知名的明星王妃葛利絲凱莉（Grace Kelly）時，菜單上除了排翅、肥鴨、松鼠鱸魚，也有東安雞。不過，這道一度流行的湘菜，隨著新的飲食趨勢逐漸式微，飲食作家逯耀東就曾感嘆，他後來在知名湘菜館彭園，竟點不到東安雞了！

想想，我真幸福。託媽媽的福，這樣的名菜在家裡就吃得到。雖然，可能作法不太一樣。

還有一回，媽媽做的是「紙包雞」，這道菜更特別，光聽名字就很有餐廳菜的氛圍。

「來點個紙包雞吧！」這樣吆喝，肯定能引起食客的好奇與食欲吧。

如同菜名所示，做紙包雞，要將剁塊的雞肉以酒、醬油、糖等醃漬數小時入味，接著拿裁好的小片紙張包裹雞肉、折好，最後以太白粉漿封口，如此就做成了一個個小紙袋。小紙袋接著會下鍋油炸，上桌後便是一塊塊用紙包著的雞肉。這能用來烹飪的紙自然非凡，有說是玉扣紙，也有食譜上寫的是玻璃紙，例如比傅培梅更早些的烹飪教學者馬均權女士，她在中視《點心世界》節目示範紙包雞時，使用的就是玻璃紙。

印象中，媽媽似乎是用糯米紙，如此可以紙肉合一，一塊下肚。遺憾的是，現在已無法確定是否真是如此了。

媽媽書架上有本一九七二年出版的《電視食譜》，由傅培梅主編、電視週刊社發行，收錄了臺視一九六二至一九七一年間，在《婦女時間》節目中的烹飪示範菜餚，共五百多道。示範者不只傅培梅，還有她邀請來的許多烹飪專家。這本書裡就有「紙包雞」，也是用玻璃紙把雞肉包成「陳皮梅」狀，下油鍋炸三、四分鐘即可。

這道菜作法其實有些繁複，加上味道並未勝過尋常的炸雞，更何況還須特地去買不容易找的紙，記得媽媽只做過一次，之後就在我家餐桌絕跡了。

類似的菜，還有據說來自湖北的珍珠丸子，不但名字好聽也好吃，我經常期待在餐桌上與它相遇。

珍珠丸子不難做，一九五三年的報紙即有刊登食譜。一九六三年一月的《豐年》雜誌也介紹過這道菜。

《豐年》雜誌創刊於一九五一年，可說是美援下的產物，由農復會、美國經濟合作總署中國分署、美國新聞處等共同籌設的「豐年社」發行半月刊，一開始預設讀者為農民，是一份農民雜誌。當時臺灣本就是農業社會，農民是多數人口。

根據這份一九六三年的珍珠丸子食譜，作法是先將豬肉、蝦米剁碎，接著打個鴨蛋，加醬油、鹽、太白粉和勻，與豬肉、蝦米一起捏成直徑七、八公分的小圓球（下圖）。

對孩子們來說，捏成圓球這步驟實

家常菜

蒸三黃蛋

雞蛋二隻、皮蛋一隻、鹹蛋一隻、鹽、生熟猪油各少許。

鹹蛋、皮蛋各去泥洗淨。鹹蛋煮熟，去殼，切成粒狀，皮蛋也去殼切成粒狀，放碗中。

雞蛋去殼放碗內，加鹽後打碎，加水半飯碗，再拌勻，然後倒入盛皮蛋鹹蛋的碗中，加入少許生猪油丁，一起攪勻。

在飯湯快煮乾時，將蛋碗放在飯上蒸，大約十五分鐘（切記不要蒸太老），便可拿起，放入熟猪油約一匙即可。（云洲）

珍珠丸子

猪肉十兩，糯米二碗，鴨蛋一個，蝦米半兩，太白粉半小匙，醬油二匙，鹽，味素各少許。

將猪肉，蝦米洗淨，分別剁碎。

鴨蛋打碎，加味素、醬油、鹽、太白粉和勻，倒入剁好的猪肉中。再將蝦米倒入拌勻，做成一個個直徑約七、八分的小肉圓。

糯米洗淨，將小肉圓放在糯米上滾一下，使它四周都密密地滾上了糯米，然後放在蒸籠內。籠中須預先鋪一塊濕布，蒸一小時取出，要趁熱吃。

（秀雀）

在太有趣了。媽媽總備好材料，讓孩子們坐在桌邊揉捏出小小的肉丸，簡直像捏黏土，邊捏還要邊撒點蔥花、胡椒，增添肉丸的香氣，還沒烹煮，就已然香不可言。我們通常用的是雞蛋，和圖中食譜寫的不同，或許因為在一九六〇年代，鴨蛋是農村中較容易取得的蛋類。

捏好小球，下一個步驟便是洗淨糯米，將小肉丸放在上面翻滾，均勻地滾上糯米粒。我們翻滾好後，媽媽會來檢查，看看哪些漏網之魚沒有沾到糯米，接著便燒水以蒸籠蒸，一粒粒香軟帶Q的珍珠丸子就大功告成。這一粒粒白亮珍珠般的丸子，好拿、好吃又美觀，很適合作為宴客菜。

東安雞、紙包雞、珍珠丸子，另外還有千金雞、魚香茄子、京都排骨等等。這些菜雖然比較晚落腳臺灣，但透過媽媽的手，都成為了我的飲食養分。儘管在家品嘗到的未必是這些菜最原始的滋味，但那又如何？在臺灣，每家餐廳的五柳魚或客家小炒，即使菜名相同，味道也未必一致。食材的變化、烹飪法的創新，乃至烹飪者的巧思，這些要素促使一道菜在時間的軌跡中產生豐富變化。

話說回來，東安雞是湘菜，紙包雞又是哪裡菜呢？有一說是粵菜，也有人說是川菜，但無論哪種，都是媽媽小時候不曾吃過的。

這些陌生的菜經由媽媽勤奮的學習，不怕辛苦地烹調，已然是家庭餐桌脈絡的一部分。對我來說，它們因此不再只是所謂的「外省菜」，從此也是我母親的菜了。

關於「臺灣菜有豐富多元的內涵」這一點，我不是從書上學到的，是透過母親，是她用雙手，一道道地教會了我。

走在時代最前端

媽媽積極求知、人脈廣闊，經常走在時代的前端，有許多新知都是她告訴我們的，例如有機飲食。

約在一九九五年，家附近的捷運站旁新開了一家「有機食品店」。什麼是有機食品？當時誰也不清楚，但朦朧中知道好像正開始流行。某一天，媽媽神祕兮兮地從那家有機食品店帶了些瓶瓶罐罐回家，有大麥苗粉、甜菜根糖蜜和有機檸檬汁，說她剛剛在那家店上課，課程內容是教做「精力湯」，下課後立刻買了做「精力湯」的材料。媽媽興致勃勃、現買現賣地調了一杯味道奧妙的綠色飲料給我們喝，說這一杯每天早上喝可以「排毒」，對身體很好，打算以後每天讓我們喝看看。

從那一天起，我們家正式邁入「有機時代」。

所謂「有機」，是指在生產過程中，減少對農作物的人為干預、採取環境友善耕作法、不用化學產品等。臺灣的有機產業從一九八六年啟動，先從有機農業的推廣開始，再逐漸進入有機商店。一九九二年「湘醇生機園」創立，一九九四年改名為「棉花田生機園地」。同時期還有許多推廣無化肥、無農藥蔬果的機構，如一九九三年「臺灣主婦聯盟生活消費合作社」設立，不強調有機而著重直接跟農夫購買安全的食物。「聖德科斯」在一九九三年成立，並於一九九九年被統一企業併購。此外，一九九五年開設的「綠色小鎮」、一九九七年的「柑仔店」、一九九九年的「無毒的家」，還有具宗教背景的「里仁商店」，也在一九九八年創立。

這些店的開設時間非常接近，可以看出正是在一九九〇年代下半，有機食品的風潮在臺灣迅速吹起，街頭開始出現「有機食品店」，販售強調安全、無毒且價格略高的食物。其實，當時法規尚未完備，陸陸續續有消基會或政府單位查到「假有機」的新聞。一直要到二〇〇九年底，才正式頒布農產品驗證機構的相關辦法，可說新的社會飲食趨勢帶動了消費風潮，也進一步推動相關法規的修訂。

走在健康飲食趨勢前端的我家，自然也吹起了有機食品風潮。初期，有機食品店為了推廣，會推出一些免費課程宣傳理念，當然也順便推銷自家產品。生性好奇的媽媽在課程的鼓舞下，想著這些自然、少農藥的食物對家人能有諸多好處，也開始購買店裡的商品。

一開始，這些行為看在我眼中實在就像洗腦。我非常懷疑，一九九〇年代臺灣的自然環境，真的有可能生產出「有機」的食物嗎？加上喝了精力湯能夠「排毒」的說法，以及喝了之後會相應產生「好轉反應」，這些名詞在我聽起來都像某種邪教言論，也因此對媽媽帶回的產品頗為抗拒、抱著懷疑的態度，並著急告誡媽媽：千萬不要太相信，以免被騙錢。「好啦！放心啦！我會看！」媽媽總是這樣回應我。

為了驗證產品的好壞，媽媽參加了有機商店所舉辦的產地一日遊活動，實際到與店家合作的有機農場參觀，看看環境是不是真的符合大家對「有機」的想像。這其實就是現在十分受重視的熱門「食育」課程。認識農場、看看食物從哪裡來。只是說實在，當時對於「有機」的定義還很模糊。

有一次，媽媽去桃園大溪的有機農場，農場主人帶著這些媽媽們參觀有機蔬菜園，詳細說明有機蔬菜的種植方式，媽媽聽了信心大增。中年以後梅尼爾氏症、雷諾氏症、修格蘭氏症上身的她，總自嘲連生病都「走在時代前端」，盡得一些有新潮洋名的毛病，或許也希望這些標榜無毒、更為健康的蔬果與飲食方式，能夠讓她強壯一點，且有益於家人們的健康。

另一方面，整個大環境的確正在轉變。那些年，家附近開始有新開的早餐店販售各種「精力湯」，也就是用多種蔬菜水果打成的綠色果菜汁。苜蓿芽、綠豆芽、豌豆芽等芽菜類頻繁出現，或打汁或做三明治、漢堡，同時也供應小麥草汁等草味飲料，甚至還做成生菜春捲。

「生機飲食」大為風行。有些媽媽們為了孩子費心製備，許多年輕小姐們也因為重視健康或基於身材維持的考量，開始嘗試此類草味三明治與草味飲料。

生食蔬菜其實頗為扞格臺灣的飲食傳統。跨越熱帶、亞熱帶的臺灣氣候炎熱，各種細菌病毒活躍，連飲用水都須先煮沸才能喝。但在二十世紀末環境已然充滿多種化學元素、人們也愈來愈重視健康的潮流下，飲食習慣竟出現翻轉，各式加了生食的三明治、輕食沙拉等，也能為人所接受，甚至大行其道了。

因應大環境的改變，媽媽抱著神農嘗百草的精神親自嘗試生機飲食的功效。過了一段時間，她覺得確實有些效果，便正式「入坑」。苜蓿芽、五穀粉、油醋醬，這些新食物開始出現在我們早餐的菜單上。

繼排毒水之後，媽媽陸續帶了各式各樣的新產品回家，綜合堅果、蔓越莓、養生液、乳酸菌、膳食纖維等，慢慢出現在我家的櫃子裡。如今，這些保健品大家耳熟能詳、品牌眾多，但在一九九〇年代，是相當創新的營養保健品。

相當有實驗精神的媽媽研究了一陣子，開發出我們最喜歡的「精力湯」配方，與外面販售的草味飲料不同，通常以蘋果、奇異果、甜菜根為基底，搭配各種當季水果，偶爾會加上芝麻粉、五穀粉，或其他媽媽精選的營養品，例如螺旋藻。她總是每天一大清早起來準備，隆隆的果汁機聲響就此成為我的鬧鐘。只要在睡夢中聽到果汁機運轉聲，就知道今天早上又有精力湯喝了。

每天的精力湯顏色不同，但都是繽紛多彩。喝下一杯，真的覺得精力無限。也正是在此時期，家中水果用量大增，媽媽躋身菜市場的「水果大戶」，她會跟熟識的水果攤老闆說好，請他們選一箱品質優良的水果，在收攤前直送到家中，而這也養大了我的水果胃。

「有機」像一種信仰，無論效果如何，我吃到的是媽媽愛護我們的心意，也是對臺灣環境更美好的心願。

從媽媽買第一包有機蔬菜至今，差不多三十年了。三十年來，臺灣的有機產業已大幅發展。有機驗證機構增加、有機蔬菜進入學校午餐，「有機」不再是一個遙不可及的名詞。也有愈來愈多臺灣本地生產的食物在有機商店內販售。

每回發現新的有機食品，我都好想跟媽媽分享。比如有機麥片，盒上標示裡頭包含有機燕麥、有機糖、有機葵花油、有機葡萄乾……所有原料都是有機的，不知道媽媽覺得可能嗎？比如颱風後菜價漲，有機蔬菜竟真的變得「便宜」了。

又如之前臺灣鬧蛋荒，眾人囤蛋、搶買，就連平時略乏人問津的有機商店架上售價高昂的蛋也被搶購一空。看著空蕩蕩的貨架，想到累積了三十多年有機飲食心得的媽媽，我想著：不知走在時代前端的她看到這景象，又會怎麼說呢？

第三章

跟媽媽一起

逛市場

◆菜市場人生

傳統市場極具臺灣特色。與夜市相較，我更常推薦外國朋友前往。市場裡不僅有各式臺灣人日常餐桌上的豐富蔬果、美味熟食，更充溢著飽滿宏亮的叫賣市聲。來買菜的太太、先生、帶著孩子的年輕媽媽、偶爾出現的夫妻檔，川流不息的人群是極為臺灣的風景。

臺灣的傳統市場分為兩種：露天街道、室內建築。室內的市場可追溯自日治時期，作為城市治理的一部分，強調整潔、衛生。現代更添冷氣，可保食材新鮮，如今更有具設計感甚至文青風的傳統市場興起。

雖然室內市場乾淨又涼爽，但我還是最鍾情於室外傳統市場，狹窄巷道內兩旁皆攤商，有時已然壅擠的路中央還有一排，川字形的小販之間，流動著採買的人。老闆們親切地叫賣著，當中若有年輕一輩殷勤地說著商品有多好，帥氣的身影總是格外吸引消費者駐足。

我家距菜市場約腳程十五分鐘，小時邊聊天邊幫媽媽拉著買菜拖車前往，總覺得很快就到了。很多年後我才明白，這條路其實相當考驗體力，也是媽媽很想再輕鬆邁步前往，卻再也無法走完的小徑。

媽媽總在週六一大早買菜。當她喊：「買菜嘍！誰要去？」我會趕緊報名，一把拎起停在後陽臺的買菜「戰車」迅速下樓，沿路聽著喀啦喀啦的輪轉聲，穿過長長的巷子往人聲鼎沸的菜市場前進。一路上，媽媽也沒閒著，不時跟鄰居打招呼、寒暄幾句，轉頭跟我咬耳朵，更新鄰居叔伯阿姨們的近況與鄰里八卦。

出了小巷，進入騎樓，一路經過電器行、豆花店、油漆行、素食店、小餐廳，接著過馬路、轉兩個彎，就會來到市場前的巷口。熱鬧從這裡就開始了，賣小番茄的攤車、賣麵食跟自助餐的店家相迎，而我最期待的是再前面一些的豆花攤。

菜市場裡的攤子雖多，但每位買菜多年的老手都有一些口袋名單，有固定「交關」的老闆，媽媽也不例外。

首先，是市場入口處客家夫婦的蔬菜攤。一籃籃的各色蔬菜整齊陳列，只需告知要什麼菜，老闆便迅捷包給客人，動作是行雲流水、一氣呵成。在這裡，除了新鮮的蔬菜，年節時也會應景地販售老闆親戚自製的粿、粄，其中我最期待的是端午的紅豆鹼粽，此外不可或缺的還有菜頭粿。尤其在稍長大後，會自製年節食物的人愈來愈少，只要聽到「自家製」的節慶食物，往往期待不已！

再過來，是手腳俐落、殺魚技巧高超的魚販。那是名有著雙鳳眼的高大女子，圍裙經常沾滿飛濺的魚鱗。她會先跟客人仔細確認，要身形細長的白帶魚、要鱈魚或鮭魚、前端還是後端、有肚洞或沒肚洞、切厚還是切薄，再下刀切片、包裝。自然也有魚攤平臺上的常客吳郭魚、虱目魚、肉魚、蝦子等等。待人客選好魚貨，老闆手起刀落間不過數秒，去鱗、去內臟、沖洗過，乾淨的漁獲便入袋了，這彷彿武林高手的刀工，總讓我目不轉睛。

還有兩家緊鄰的肉販，一攤賣雞，一攤賣豬。因為相鄰，只要一靠近，兩家阿桑老闆便同時熱情招呼：「來喔！買肉喔！」在此雙重壓力下，媽媽經常兩攤都得光顧，在這攤買買雞腿、那攤切點豬里肌。

記得是約一九九〇年，一個新商品現身豬肉攤。那是一個保麗龍箱，上頭以紅筆寫著大大的「牛小排」，非常吸引人，總是走在潮流前端、勇於嘗鮮的媽媽立刻買來讓我們嘗鮮。現在相當普遍的牛小排，當年薄薄一片就要價上百元，相當貴，但只要簡單香煎、撒點鹽就很好吃，甚至連油都不用放，媽媽後來隔一段時間便會回購，讓我們打打牙祭，真的會啃到連骨頭都想吞下去。

再往前走，一個豬哥亮髮型的大哥一大清早從宜蘭來擺攤，他從講話的動作、語氣到神情都與這位秀場主持人相似極了。媽媽為他取的市場代稱是「宜蘭的」，他主要賣蔬菜水果，也兼賣一些家人自製的熟食。甘蔗雞、鹽水雞是此攤必買，每次只要媽媽一買回家，立刻會有三分之一風捲殘雲般地先入我的肚子。偶爾豬哥亮髮型的老闆還會賣我至今吃過最棒的白灼豬肝，軟嫩又香，像舌上的雲朵。

另有一攤賣的是燉滷好的筍乾，被爌肉汁浸潤得油香滑舌，十里飄香。攤主人是個媽媽，身形比當時國小的我還要矮，手腳卻敏捷、俐落，她生了好幾個女兒，總能見到她們輪流來幫忙。

我們這小菜市場裡的老闆多數是女性，是媽媽也是妻子，日復一日凌晨即起在市場裡工作。買菜的、賣菜的，組織成一個綿密的供食網絡，讓多少個家庭的餐桌能夠飄香又飽腹。

買完筍乾，媽媽通常會移步旁邊的豆腐攤，買些板豆腐，木板夾層中的美味，一塊只要十元。有時也買油豆腐、豆干，或一大包豆漿，回家再沸騰並加點糖，我們就有甜滋滋的豆漿喝了！

市場內當然還有幾個水果攤，媽媽稱其中一攤「夫妻檔」，另一攤「兄弟檔」，都是她中意的好店家。「夫妻檔」的太太很瘦，推銷功力一流，總有能力讓媽媽多買幾樣水果，身材圓圓的先生常在較遠處抽菸。媽媽最常買的「兄弟檔」，是一對年輕兄弟跟他們的太太一起經營的大水果攤，檯面上各色水果總是排得整整齊齊，而且物美品質佳，即便是市場常見的一堆或一盤一百元的特價水果也很漂亮。成了「兄弟檔」主顧的媽媽，因為每次購買的量不少，店家便貼心地提供起宅配服務。往後即便沒上菜場，只要在家裡打通電話，「兄弟檔」水果就會在菜市場要結束生意前的中午，整箱親送到家，品項皆交由兄弟檔安排。其實兄弟檔送來的水果價格頗高，但媽媽從不殺價，只要品質穩定，下次就會繼續叫，儼然「水果大戶」。有時我們覺得兄弟檔老闆好似刻意選些市場中較少人買的高價水果送，比如櫻桃、高級蘋果等，但媽媽總說因為是買給我們吃的，「貴一點沒關係。」

市場裡的美味，如果想吃，只要跟媽媽說一聲，她幾乎都會說「好」。她就像聖誕老人，滿足我們在市場裡的所有願望。逛市場，對幼時的我來說是人生至樂！買完菜，先去吃碗冰涼的豆花，等媽媽到另一邊的室內的小市場買些雞血、木耳、海帶結、酸筍等等回來，再一起拖著沉重的菜車回家，一顆心疲憊又充實。

記得那一年，媽媽身體已不太好，但仍撐著身體偕同我一起上菜場。回家時經過騎樓，我邊走邊想事情，並未專心看路。忽然，媽媽停下腳步，衝著一位路過的老先生大喊：「你幹什麼！」被她憤怒又沙啞的嗓音拉回目光的我，這時才注意到，原來那位先生趁騎樓路窄，意欲趁錯身而過時伸手摸我一把，被敏銳的媽媽發現了。她身體不適，卻仍奮力保護成年女兒，像年老的母雞，依然守候著我們這些小雞。

婚後，我便不曾陪母親逛這個市場，等到媽媽走了，更再無機會。二〇二三年秋天，我終於鼓起勇氣，回到這充滿回憶的菜市場看看。時隔多年，顧攤的老闆們幾乎都換了，只剩「兄弟檔」還在原位，不過賣水果的已非第一代攤主，而是「兄弟檔第二代」的年輕小伙子了。

人生不就是這麼回事嗎？周而復始、潮起潮落。

◆紅棗肉與熟食

前面寫到，媽媽喜歡跟菜市場裡一家綽號叫「宜蘭的」攤位，買鹽水雞或甘蔗雞。現切的雞肉撒上滿滿胡椒鹽，香氣迷人、肉質軟嫩，外帶回家還會附上兩包特調油醬。喜歡吃雞的我總是非常期待，一回到家，等不及用餐時間便立刻開吃，媽媽也會隨著小孩先吃點有皮的雞肉，享受她最愛的雞皮。

那兩包附贈的醬料如果沒有用完可用來煮菜調味，滋味醇厚、香氣撲鼻。我特別喜愛媽媽拿雞肉蘸醬燜煮海帶結，那氣味與單純醬油、醬油膏或蠔油都不同，對我來說可稱絕品。

不僅現成雞肉，現在菜市場裡的熟食攤及小吃店，是愈來愈多了。即使在主打新鮮蔬果魚肉的早市，雖然販售主力仍是各種生鮮食材，但數十年來熟食攤的數目明顯大增，少數市場簡直已成小吃街！有些市場小吃更成為熱門的在地美食擔當，例如：成德市場麻醬麵、南門市場刀削麵、士東市場米粉湯……，每每吸引排隊人龍。

對習慣在家吃飯的家庭而言，相較於小吃攤，熟食攤可說更加與日常緊密扣合，尤其實用。尤其在近十年調理包大興之前，市場的熟食攤，是少數能買到快速上桌、現成菜餚的好所在。

快速調理或加熱就可上桌的食物，約在一九八〇年代才嶄露頭角。一方面是因為工業化社會有愈來愈多女性步入職場，她們原本是家庭裡的主要烹飪者，踏入職場後，無法長時間待在廚房仍有備餐責任，快速烹飪的需求於是大增。另一方面，冷凍與食品工業的發展，也讓食品廠有了足夠的技術製作軟罐頭調理包，以及多種冷凍食品。

早期的冷凍速簡食品以麵食為主，冷凍水餃、餛飩、包子、春捲等最為常見，接著出現的是港點，燒賣、珍珠丸子、叉燒包。一九八六年時，已有中興、統領等百貨設有日式食品街，模仿日本百貨的食品街，販賣現成熟食，包括小菜、滷味等，生意非常好。不過這些都屬昂貴，一般家庭主婦其實很少購買，媽媽們平日常買的，仍是菜市場裡的熟食。

菜市場種類豐富的熟食裡，最重要的是雞。雞的重要性在於逢年過節、需要拜拜之時，提前向市場小販訂購全雞，就不用自己費時耗力準備，而為了方便各路媽媽們購買全雞回家拜拜，雞販起初提供白斬雞、鹽水雞、鹽焗雞、油雞、燒雞等等，之後更發展出甘蔗雞、玉米雞、烤雞、果凍雞，口味多樣。若是小家庭，去市場裡切個四分之一或半雞，回家現吃，是最方便的佳餚！

除了雞，小時候家附近市場裡唯一專賣熟食的攤子，賣的都是炸物，包括雞捲、紅燒鰻，以及有著紅色酥脆外皮，咬起來卡滋卡滋的豬肉，這一道稱為酥炸「紅糟肉」，也有部分北部店家稱之為「紅燒肉」，但我只管跟著媽媽的發音，唸它「紅棗肉」。

紅棗肉，多好聽的名字啊！這個名詞自小深植我心。剛炸好的「紅棗肉」有著赭紅色的酥脆外皮，外觀紅豔誘人，就像紅棗的顏色。一口咬下，卡滋卡滋，鮮鹹與油香溢至齒間，外皮香酥、內裡豬肉軟嫩，帶些筋的嚼勁，真的好喜歡啊！媽媽會買一大塊回來，再自行加工切成小片，我很愛自願負責這項工作，因為這樣可以邊切、邊

「試吃」，等切完，大概有四分之一的肉片都進了我這個「試吃員」的肚子。

如果要自己做紅糟肉，得先在五花肉表面抹上紅糟、冷藏醃漬，下鍋油炸前務必裹上地瓜粉，如此可創造香酥柔嫩的多重口感，一塊肉同時有紅糟的甜香與酥脆外皮。

紅糟與紅麴名字類似，容易混淆，但其實兩者相當不同。紅麴是一種紅色的米麴，由紅麴菌在米上發酵而成，歷史有數千年，可釀酒、釀醋、製作豆腐乳。紅麴酒發酵後產生的酒糟才是紅糟，多運用於烹飪與醃漬食物。日治時期的樹林酒廠就以生產紅麴知名，並用來製作紅露酒，製酒後的酒糟還可以進一步利用。

紅色被認為喜氣，因此紅麴或紅糟也常用來製作節慶食物，史書記載，過去在農曆六月一日，臺灣許多人家會以加入紅麴的糯米糰製作「半年丸」，也就是紅色湯圓。《澎湖紀略》也提到，澎湖人在生日的時候，會將紅麴加入糯米粉，做成紅雞，祭祀神明或贈與親戚。

紅棗肉之於我，也正是這樣喜氣洋洋的存在。小時候總覺得市場買到的食物既特別又好吃，跟媽媽煮的不一樣。

除了「紅棗肉」之類的炸物，媽媽還會光顧一家佛教師姐經營，偶爾才出現的素菜攤。此攤有不少涼拌素菜，從簡單的小黃瓜涼皮、辣拌素雞、涼拌菜心，到較複雜的豆皮捲、素丸蔬菜百燴等都有。夏日炎炎時，這樣的素菜格外爽口，媽媽雖然因為顧忌衛生，不太常在露天市場買涼菜，但在我們的要求之下，偶爾仍會買一些回家給孩子解解饞。

若論熟食的數量，種類最豐的應是黃昏市場。跟傳統早市相較，黃昏市場發展得較晚，是因應現代人不太能早上去菜場，讓上班族在下班後的傍晚時分仍有機會購買食材。但既然已是黃昏，還有力氣買食材回家自己煮的人更少了，因此此時的熟食攤更為精彩！有許多可以買回家直接當晚餐的現成便菜。油飯、碗粿、玉子燒、東坡肉、滷魚頭、燒烤、蔥油餅等應有盡有，甚至還有羊肉爐、生魚片，儼然是上班族的小廚房。

市場熟食的蓬勃，標示了愈來愈方便的備餐方式。二〇二〇年 COVID 大疫促使更多原本只供內用的店家推出冷凍調理包，幸運的我也自此學會運用熟食、調理包豐富家裡的餐桌。但就此逐漸失去的，或許是帶小孩上菜市場時對熟食的期待？現在的孩子們對現成熟食不再感到新奇，也沒我們過去那樣捧場了。仔細想想，也可能是因為當媽媽的我在備餐時看起來不像過去母親那樣勞累，而少了揮汗如雨的以身作則，小孩也就少了施展同情心的空間，往往爬到我頭上去了。不過，想到以前，疲憊的時候媽媽的確容易心情不佳，難有耐心陪小孩，我自己當媽後，更對這點深有體會。

紅棗肉之類的熟食之於孩提時的我，最重要的意義其實並非滿足口腹之欲，雖然菜市場美食家裡的確難復刻，我希望媽媽能多買幾種熟食回家，有一個更深層、更重要的原因，其實是希望現成的菜餚能讓媽媽少煮一點、少勞累一點，希望她能在購買後覺得輕鬆一點，給孩子多點笑容。

小孩們都希望媽媽心情愉悅，這與食物的美味相比，重要太多了。

在廚房裡

◆跟媽媽一起在廚房

我家的廚房是小小的長方形，大小是一．五公尺乘以三公尺，一進門，左側是一排一氣呵成的水槽、流理臺、瓦斯爐，右側則有一個三層櫃，置放油、罐頭等。被流理臺與櫃子夾在中間的通道，寬僅餘約五十公分。冰箱跟餐桌在廚房門外不遠處，方便煮食的人拿取食材，也方便廚房裡熱騰騰的菜立刻上桌。一九七九年建成的我家廚房，有著當時許多公寓裡常見的廚房格局。

媽媽在這個小小的長條形空間裡耕耘了四十二年。這是她人生將近三分之二的歲月，有好多的光陰在此、汗水在此，淚水亦然。其中，我們這些在廚房當學徒的孩子們，也貢獻了不少默默滴下的淚水。但，廚房無疑是我們感受媽媽的愛，最直接的處所。

廚房是媽媽的地盤，是整間房子裡少數媽媽能夠全權作主的地方，她就是廚房的女王。在這裡，所有的鍋碗瓢盆、食材、配料之擺放，都由媽媽決定，她則以烹飪戰鬥時的效率、動線流暢度作為各項配置安放的準則。廚房最右側是瓦斯爐，旁邊有小窗及通往後陽臺的紗門，可以跟抽油煙機一起疏散烹飪時的油煙。左側有家庭必備的大同電鍋、流理臺、砧板、水槽、烘碗機等，流理臺上方除了櫃子置放鍋、碗、杯子外，約與頭同高的位置，橫著一塊板架，上方置放鹽、蒜頭、薑等調味料及常用的小烹飪器具。如此，站在小小的廚房中央，必備物事都在伸手即可拿取之處，一切圍繞著負責烹飪的主角而生。

媽媽每天做早餐、晚餐，一年中很少休息，偶爾也要負責煮午餐，再加上每週一至兩次買菜回來後需要待在廚房中整理食材，及每餐後的廚房清潔，算算她每天待在廚房的時間，至少三小時跑不掉。

準備晚餐是重頭戲，分為備料與烹飪兩大階段。關於運用多種食材、精細又複雜，彷彿將上戰場的備料工作，媽媽稱之為「準備工作」。每到傍晚，她總會說：「我要來做『準備工作』了。」有時開始準備的時間較慢，媽媽會踩著倉促的步伐，邊步入廚房邊有些著急地說：「唉呀！我『準備工作』都還沒做完，時間過真快！」

相信有烹飪經驗的人都知道，煮菜時最複雜的往往不是上瓦斯爐翻炒，而是在這之前的備料，這些「準備工作」之中，花去最多時間的是挑揀菜葉。每種菜有不同的挑揀法，有的只需清洗菜葉莖梗，有的如莧菜，不僅要取下葉子，還得一段段把莖上的絲盡去，吃起來才會軟嫩。另外還要泡乾貨、切蒜頭蔥絲、醃魚醃肉等等，有時醃漬類工作必須前一天晚上或當日早上就進行，以求入味，如此一來晚上烹飪時才不會太匆忙。

我們一家五口的晚餐通常有六至七道菜，為此，媽媽通常傍晚四點多就開始做「準備工作」了。在沒有什麼冷凍調理包的年代，所有菜餚都要自己從頭準備起，若需要熬高湯，可能上午就要先著手料理。

即便「準備工作」細碎而複雜，還往往要交錯進行、利用零碎時間，媽媽總是能有條有理。她喜歡把每道菜的所有菜料都準備好並擺在同一個盤子上，如此一來要煮什麼便一目了然、清清楚楚。例如，煮蟹腳青花菜，便要把青花菜一朵朵削切、清洗好，連同細切的薑絲，和先取出解凍的蟹腳，一同放在大盤上成為一組，那畫面頗有現在料理節目向觀眾展示材料的感覺。若煮七道菜，就得準備七組，有些需要先放在冰箱保鮮，到了烹飪階段再一一端出來使用，就不會手忙腳亂。

每次完成「準備工作」，媽媽會稍微休息、擦擦汗，若有餘裕、空閒時間，便看個電視，待開飯前半小時再進廚房，把菜餚一道道下鍋烹煮，如此每道菜可以在短時間內一起煮好，不會有因為烹飪時間差而涼掉的問題，總是滿桌熱菜，讓我們準時開飯！

媽媽平時和藹可親，但她在廚房裡非常嚴格。自小，媽媽便有意識地訓練我們煮飯。因為她自己是婚後才學習烹飪，而且立刻就要煮給許多人吃，極短時間內要從生手晉升為大廚，過程非常辛苦，因此希望我們能早早學會這項技能，以免將來和她受一樣的苦。

她總是這樣，希望幫小孩趨吉避凶，希望孩子們不會重蹈她的覆轍。也因此，媽媽在教導我們煮菜時頗為嚴格。舉凡切不好、洗不乾淨、笨手笨腳等事，無論大小，總會招來一頓斥責。我曾幾次哭著走出廚房，想著再也不要在廚房幫忙了，但很奇妙地，到了隔天，我仍會搶著進廚房，希望當媽媽的小幫手。

廚房小幫手的工作很基本，挑菜、洗菜、整理餐桌、隨時把用完的鍋碗刀匙等廚房用具洗起來、聽吩咐到冰箱拿各種食材，還有掌理較簡單的電鍋。若是進廚房時媽媽的「準備工作」都已做完，我們也會幫忙顧瓦斯爐上的火或簡單地炒個青菜。有時，媽媽要的東西我們找不到，或是切食材的粗細不如她的預期，在有時間壓力的情況下，她總會有點凶、有些急躁，甚至曾對我們說過：「出去啦！愈幫愈忙！」縱使如此，我還是很愛流連廚房看她下廚、當媽媽的幫手。每次親眼見到她如何煮出這麼好吃的菜，都覺得簡直像是在施展魔法。媽媽切菜烹煮的動作是如此柔美，下鍋翻炒或切細絲的動作多麼輕巧！而且最棒的是，所有的菜大功告成時，小幫手可以當第一個試吃者，不管是「恰恰」的酥皮煎魚、炸花枝丸，或是剛蒸好的珍珠丸子，小幫手都可以立即拿雙筷子或甚至手抓享用。有時太好吃，在開飯之前被我們一點一點「拈一下」（ni tsit-ē 捏一些去吃），就可能吃掉三分之一盤。當小幫手的人，總是有機會最早吃、吃最多。

此外，在廚房的時光也是跟媽媽聊天的好機會。有時當天煮的菜較簡單，媽媽就有空閒跟我們多說些話。特別是我家的廚房非常小，一人容身尚有餘裕，二人須互相借過，若是三人便感到擁擠，因此她平日煮飯其實只會有一位小幫手，在家中宴客時才會有兩位以上一起幫忙，於是在媽媽身邊幫忙便成了平時單獨與她一對一談話的好時機。如今想來，當年心甘情願在廚房裡當小幫手，就算時不時會被媽媽罵也趕不走，其實就是想要有一段專屬的時間，可以獲得媽媽全部的關注（及斥責）。我們總會在廚房裡分享學校發生的趣事，訴說煩惱、祕密，媽媽也會和我們天南地北地聊。

多年後，我自己成為了母親，才知道一個家庭裡若有不止一個孩子，跟每個孩子有一些單獨相處的時間其實非常重要，因為每個孩子都期待媽媽獨特的關愛。今日思之，那些在廚房裡跟媽媽一起揮汗的日子，就是她特地留給我們每一個小孩的寶貴獨處時光。

或許在物理空間上，廚房是我跟媽媽一起相處最久的地方。她過世之後，廚房成為我在心理上最接近媽媽的處所。每次我只要待在廚房，就會有一陣強烈的思念襲來。

至今我仍難忘懷，在那小小的廚房裡，熱氣氤氳蒸騰，跟媽媽一起在廚房，享有變出一桌佳餚的成就感和親密感。

媽媽在廚房的樣子歷歷在目、她在廚房說的話言猶在耳，我常常在做菜時停下來發呆。

怎麼，那些在媽媽身邊當廚房小助手的日子，就這麼一去不回了呢？

◆職業婦女的魔法料理

對你來說，下廚是件開心事，還是苦差事？

若只是心血來潮時煮點自己愛吃的菜，其實很開心；若是三不五時煮一桌大菜請客，或許稍具難度，但也頗有樂趣，且能得到相當的成就感。真正困難的，是不管自己有多累，都要天天煮一桌菜給一群挑剔的客人享用，而且還不能因此賺錢。但這就是過去多數主婦們天天在做的事，也是我母親的日常。

這群固定客人為何挑剔、難伺候？因為畢竟是天天吃，再喜歡的菜吃個十次都可能會膩，所以身為大廚，必須經常變換菜色、苦思花樣。有時親愛的家人還會直接點菜：「媽媽，我要酸辣湯。」「老婆，來個痲油雞吧！」再加上，那位大廚經常就是家中的軟柿子，讓大廚「更進步」的食客評論從來不消停，太油、太鹹、太淡、不美觀，這類挑剔往往直接而不留情。但大廚心軟，若這群食客不吝惜給予掌聲與讚美，她就會笑逐顏開，佳餚的品質也更上一層樓。

媽媽曾是職業婦女。婚前，她在銀行上班，一九七〇年代初期銀行放款利率高達十三－十四%，一般人要借錢非常不容易，因此民間的「標會」才會如此盛行。她在銀行工作時，有回見到一位老農民帶著僅有的一些農具、日用品要來抵押借錢，或許是家人生病、或許是要付小孩的學費，畢竟當時利息這麼高，若不得已，誰會來銀行借錢？但銀行主管把那些農具與用品丟在地上，大聲說：「就這些不值錢的東西還想要借錢！」老農撿起散落一地的物品，駝著背，默默走出去。

有正義感的媽媽看到這一幕心裡難過，雖然身為資淺行員的她無法做什麼，卻決定自己不要再待在這現實的銀行了。她日後對我們的教育也總提醒著：錢很重要卻不是全部，要有憐憫心，要讓自己有能力幫助別人。

婚後生子，媽媽當了好多年家庭主婦，一九八六年才重回職場。有六年時間，她需要一早趕車去城中區「入出境管理局」上班。以當時還沒有捷運的交通情況，上班、下班通勤單趟將近一小時，然而下班後的媽媽還不得閒，必須旋風般趕回家煮晚餐。雖然也算是個ＯＬ，但她當ＯＬ的日子裡，從來無法在下班後悠閒逛街或買外食便當回家。小小的娛樂僅有中午偶爾外出，買點十字軒或世運的饅頭、點心，下班帶回家給我們解解饞。

在那段時間，我也成了鑰匙兒童，總是一邊做功課，一邊痴痴等媽媽回家。我看過無數次，母親一到家，連上班的襯衫窄裙都沒換，就立刻進廚房洗米煮飯、從冰箱拿出各種要煮的食材，然後迅速烹調、準時上桌。

最後一道菜大功告成時，她輕嘆的那一口氣，包含了多少疲憊與對家人的責任感啊。

如今想來，母親一走進家門，眼神飄向時鐘的那瞬間，腦中想必已經盤算好稍後備餐的種種步驟。或甚至更早，在早上出門前，她就已構思好晚上的菜單，甚至洗好米，預約了電子鍋的煮飯時間。她還會前一晚就醃好了肉，將某些須費時準備的食材先放置於冷藏櫃退冰，如此一來，隔日下班後便能風火一般地調理、上桌。

這些繁複的構思與準備工作都在母親腦中運作，媽媽不太會告訴我們她做了什麼烹飪準備，我們也把每日回家可以吃到的豐盛晚餐視為理所當然。

稍微長大後，我們也能幫點忙，媽媽開始交代給我們一些「回家作業」。到家後，先洗點米、洗菜、醃些肉，做點簡單工作，讓她回家後可以快速烹調。偶爾，媽媽去臺中探望外婆，煮晚餐的重責大任就移交給了我們，通常會準備些母親教導的簡單菜色：菜脯蛋、炒青菜、炸雞塊、珍菇罐頭蒸鱈魚、雲吞湯或康寶濃湯。如果不算上泡麵跟罐頭，餛飩、水餃、湯包、冷凍雞塊、各種變化的蛋料理，這些大概就是四十年前唯一可得的快煮食了！但這些菜色通常只能撐個兩天，我們總盼著媽媽快快回家。

在備餐時間緊迫的情形下，媽媽發展出許多節省時間的烹飪法。其中之一是「接續烹調法」，也就是煮完第一道菜後先不洗鍋，直接煮下一道菜，如此節省了每煮一道菜就要洗一次鍋子的時間。這可不是能夠隨便執行的方法，因為並非每道菜都可以煮完不洗鍋，前一道菜煮完的鍋子狀態必須適合下一道菜，味道不能衝突、鍋面不能燒焦，也因此，在料理前必須縝密規劃下鍋的順序。

例如，煎肉後的殘油通常還有些香氣，只要鍋子沒有燒焦，就適合接著炒青菜。先加點水，接著置入切好的青菜，直接蓋鍋烹煮，與此同時，可以準備其他菜餚，一會兒後再開鍋翻炒加鹽即可。如此一來，下一道菜不需熱鍋，也不用多加油，炒菜時加點水燜煮，又能讓鍋子更好洗，真的有省時、省力之效。

我本來以為，這種不洗鍋煮菜法是懶人作法，不足為外人道，但想不到，我後來認識一位在大學任教的廚藝老師，她告訴我，她在家也是這樣做的，因為這符合她提倡的「綠色飲食」。想不到，我母親在多年前，就已是綠色飲食的先行者了呢！

不只如此，媽媽大約在一九九〇年代就開始採用在炒青菜時先加水、少許油，開火後再放青菜的「水炒法」，有時甚至是先不加油，要起鍋前才淋點油在菜上。此前，如同許多臺灣菜的常見烹飪方式，是以蔥蒜爆香的方式來調理，但隨著肺病人數增加，漸有說法認為爆香雖增添誘人香氣，但產生的油煙卻對肺不好。媽媽的肺本來就弱，加上每日下廚，若油煙對肺有負面影響，事情就大條了！水炒法因為沒有「爆香」的程序，可以減少油煙。後來，媽媽在發現各種冷壓油的新世界後，也喜歡偶爾採用酪梨油、冷壓橄欖油等不同的油類，單純的炒青菜因此滋味更豐富。

坊間不少人以為水炒法是個順應新健康觀念下的新發明，我也這麼想，但後來卻在讀研究資料時驚喜發現，其實古人早已如是烹飪。一九四〇年代初期的雜誌《民俗臺灣》就曾記錄到使用灶的不同階段：第一階段剛生火時煮飯或粥；第二階段火力旺盛期，燙青菜後加點油；第三階段火已較弱用來蒸煮；餘火再用以加熱剩菜、煮豬飼料等。為節省食用油，也會使用先燙青菜再加少許油脂之法，跟媽媽的作法相同，讀到真是備感親切。

現在的省時料理種類多多，最方便的就是調理包，尤其COVID-19之後，就連部分高級餐廳也推出外帶易加熱的冷凍包。當年媽媽沒有這些，一切菜餚都要自己從頭煮起。只能運用自己的經驗與智慧，發展出省時菜餚，總能在短短時間內變出豐盛的一餐。這些快速上桌的菜，對我來說就是媽媽的魔法料理。

如今我已經自己掌廚，週一到五，幾乎天天下廚，有時也非常忙亂。每回，當我回到家，還來不及換下上班時的衣裝就先進廚房洗米的那一刻，媽媽昔日身影躍然出現，我於是也終於懂得，當年她著急下廚的心情。

◆不能浪費的醬料

我曾在荷蘭的書店買過一本《番茄醬食譜》。是的，不是番茄食譜，而是番茄醬食譜，小小一本，先介紹十八種番茄醬的變化調味作法，包括巴薩米克醋番茄醬、樹番茄（tamarillo）番茄醬、檸檬番茄醬、蘋果番茄醬等，接著再詳述二十四道番茄醬菜色。這些菜色對我而言頗為新鮮，例如：蔓越莓番茄醬佐羊肉漢堡、鮭魚凱撒沙拉配哈密瓜番茄醬、泰式番茄醬淋生鮪魚片。番茄醬在這些菜餚中的運用，以作為沾醬或抹醬為主。

歐洲有非常多有趣醬料。常用的，有例如源自法國的荷蘭醬、牛排店常有的伍斯特醬、配麵包、沙拉的多種油醋醬等。如此豐富的醬料造就多樣選擇，荷蘭、比利時人吃薯條時，有十幾種醬料可以選，相當驚人。其中最受歡迎的如美乃滋、咖哩醬、來自非洲的霹靂霹靂辣醬（pili-pili）等，幾乎都是超高熱量的組合。

即便知道醬料在歐洲飲食文化中的重要性，但第一眼看到番茄醬食譜時，我還是嚇了一跳，心想：「天啊！荷蘭竟然有一本番茄醬食譜，這說明了荷蘭飲食文化的什麼特色呢？」不過轉而一想，番茄醬，還真是有很多故事可以說。

番茄原產於南美洲，十六世紀哥倫布到南美洲之後展開食材旅行，西班牙人把番茄帶到了西班牙統治下的拿坡里。到了十七世紀末，義大利半島南部開始以番茄入菜，十八世紀則更為盛行，人們會在 pizza、麵條上使用番茄醬汁，也就是說，「番茄肉醬義大利麵」這道菜，其實在兩百年前也是地方傳統麵食加入番茄這外來食材而產生的新菜餚，而要等到更晚，一八六一年義大利正式成為一個國家後，這些麵食才成為代表性的所謂「義大利菜」。

後來的發展，如同美國把義大利 pizza 轉化為可以量產的冷凍厚 pizza，美國人也創造了可以長久常溫貯存的番茄醬。於是，在食品加工業的加持下，義大利美食經由美國，傳播到世界上更多地方，例如日本。

十九世紀的日本，正努力積極地學習西方事物，也包括飲食。除了牛肉、牛奶，許多西方食物從橫濱、神戶等西方人聚集的港口輸入，抵達日本人的餐桌。諸如咖哩、蛋包飯、可樂餅，都是此時期創造出的「洋食」。其中，製作蛋包飯不可或缺的就是番茄醬了，這也說明了番茄醬在十九世紀已是不難取得的醬料。

在臺灣，其實十七世紀時荷蘭人就曾引進番茄栽培，但由於番茄果實的顏色太過豔紅，如同最初引入歐洲時也被認為有毒，因此僅作觀賞用。要到二十世紀，日本人引進番茄大果品種，也開始製作罐頭，而且不只是純番茄醬罐頭，在魚罐頭的調味上，番茄醬也是不可或缺的要角。

二次世界大戰後，為了生產番茄醬外銷日本賺取外匯，農政單位採取契作的方式，於臺南設置番茄醬製作工廠。一九五〇年代的報紙上，不時可見運用番茄醬的菜色，如：番茄醬煮魚、番茄醬明蝦、茄汁黃魚等，另外炸八塊、香酥鴨、蘿蔔絲餅的食譜裡，也都出現了「蘸番茄醬」的步驟。至此，番茄醬逐漸進入臺灣人的生活。一直要到一九九〇年代，因為環境變遷、成本太高，臺灣的番茄加工業才逐漸沒落。

番茄醬酸酸甜甜，雖然許多臺菜會使用，但臺灣其實還有許多歷史更久的醬料，如果要在臺灣出一本醬料食譜，應該也有不少選擇。除了種類豐富的豆醬、米醬、麻醬之外，桔醬、地方特色辣椒醬、多種海味醬料，這些都是日常生活飲食的重要角色。既然荷蘭可以有《番茄醬食譜》，或許我們也可以有《海山醬食譜》、《桔醬食譜》、《干貝醬食譜》，說真的，有何不可？

許多臺灣小吃有與之搭配的醬料，舉凡吃蘿蔔糕、蛋餅、煎餃、蚵仔煎、蚵嗲、水煎包、米糕，乃至炒麵炒飯，不少店家都會為其製作專屬醬料，配方常是商業機密，也有很多人因為某家店的獨特醬料而鍾愛該店。對我來說，第一次感受到醬料的重要性，是在豐原的肉圓店。

母親是豐原人，老家離著名的廟東夜市不遠，若回豐原，我們必去「正老牌豐原肉丸」吃肉圓。從油鍋撈起的肉圓，淋上粉紅色的甜醬及淡橘色的辣醬，再滴點醬油，色彩繽紛、鹹甜交雜，加上裡頭清甜的筍塊與肉——這便是我對肉圓最初始的記憶了。吃完肉圓，跟著大人們在碗中澆上免費的肉骨清湯享用，真心覺得滿足。

雖然肉圓美味，不過對小孩來說，更期待的興許是接下來一挪屁股，離開肉圓店到不遠處吃鳳梨冰吧。以前回豐原，固定行程就是拜拜、吃肉圓、鳳梨冰，再去聯翔、寶泉或雪花齋買個糕餅或派回家。邊吃邊聽媽媽說古早以前的故事，如今想來，真的好幸福。

小吃講究醬料，但我家餐桌上出現醬料的機會其實不多，雖然當時沒有什麼「原型食物」、「吃原味」這樣的概念，但媽媽原本就不使用太複雜的調味，也少用味道濃重的醬料。我們家連醬油膏都沒有，烹飪時大多僅使用蔥薑蒜、破布子等植物性的調料，蠔油也只是偶爾點綴。吃粽子、蘿蔔糕時偶爾會蘸甜辣醬，倒是吃麵時，我跟爸爸一定要用大量的辣豆瓣醬調味。

儘管媽媽愛吃食物的原味，不常使用醬料，但她很能善用買菜時獲得的贈品，例如前面寫過的，買現成雞肉時老闆附贈的醬油膏及胡椒粉。此雞肉攤老闆說這醬油膏是他的「特調」，與一般醬油膏不同，香氣與甜味都很特殊，只不過我們吃雞肉其實很少蘸醬，那包醬油膏很遺憾地乏人問津，媽媽於是極具創意地拿特調醬滷海帶結，效果出奇地好，軟嫩鹹香，老闆的特調醬料就此成為我們烹煮時的祕密武器，只是特調醬不愧是特調，我始終無法複製，如果想再吃到相同的味道，就得再去跟老闆買一次雞肉了。

除了這醬油膏之外，從外拿回的胡椒鹽、速食店番茄醬、蘸豬腳的醬料等，基於惜物原則，媽媽也都會拿來利用。若有番茄醬包，便立刻加入番茄炒蛋；有芥末醬，就搭配超市的德國香腸；烤肉醬有剩餘，那麼拿去醃漬肉片後香煎一下，美味至極。儘管當代新的營養衛生知識會建議，醬料包有許多添加物，不宜多吃，但過去年代的母親們總是珍惜著一切物資，思考如何將之妥善再利用。

如今，可以直接購買的醬料種類是愈來愈多了。五味醬、海山醬、糖醋醬、鹹蛋黃醬、三杯雞醬、照燒醬、干貝醬，市面上還有許多異國風味的醬料，不需要自己費心調製。雖然方便，但也造就了醬料在人們冰箱占去不少空間的景況，而且常常擱著的都是剩下一半以上的特殊醬料。例如我現在的冰箱裡，就有眷村辣醬、辣豆瓣醬、椒麻醬、韓式辣醬。

看著這些醬料罐，我總想著：媽媽會怎麼用這些醬料來入菜呢？配肉好，還是蔬菜比較搭呢？

媽媽，妳可不可以入夢來告訴我？

第四章

我們這個小家庭

麵食小館的燭光晚餐

小時候，因為很少外食，偶爾若有機會總是特別期待。

「今天吃外面。」每每聽到這句話，我一定在心裡大聲歡呼，尤其幼年時最喜歡的娛樂之一，就是逛逛附近夜市，在外吃碗麵或小吃，不用張羅餐食的媽媽也可以輕鬆一下。久久一次，讓人格外珍惜。

夜市經常被視為臺灣美食的代表，有好些年，觀光客來臺灣的必去地點就是故宮跟夜市。作為人群跟食物的聚集地，夜市常出現在部分特定地區，其中最典型的所在地是廟宇周邊，就像歐洲的露天市集常與教堂相鄰，信仰中心既是人潮匯聚處，也常同步變成商業中心。其他夜市常出現的場所，還有交通輻輳處、大學周邊、政府規劃建立的夜市區域等等，因為人潮與金流匯聚，人多的地方，往往有豐富的商業活動。

夜市不僅可供消費，也提供庶民樸實無華但充滿熱鬧趣味的夜間娛樂。畢竟過去晚上娛樂有限，一九九七年民視開播之前，有線電視僅臺視、中視、華視三臺，今稱「老三臺」，連公共電視的節目都是在這老三臺的特定時段播出，沒有自己的頻道。沒有「第四臺」，更沒有網路手機各種串流平臺，當時多數人最重要的家庭視聽娛樂，就是晚上的電視八點檔大戲。若遇國慶日，人們只能看三臺聯播國慶大典，沒有其他選擇。

夜市就像迷你版遊樂園兼百貨公司，人們可以買衣服、玩具，能吃到各色小吃，還可玩彈珠臺、射飛鏢，比起看電視，娛樂指數實在高了不少。

某個夏日週末傍晚，天色已暗，夜風颯爽，是個期待已久、逛夜市的好時機。如同許多一般家庭，我們家常逛的不是知名的大型夜市，而是家附近，一處白天作菜市場，一到晚上就如同灰姑娘，搖身一變為霓虹燈閃爍的小夜市！白日吵嚷的攤位消失，後方的店家拉起鐵門，另外又來了一批新的夜老闆，帶來辣烤玉米、炸肉圓、蚵仔煎。就是這些傢伙，跟家裡餐桌上的菜那麼不同，讓人心嚮往之，特別是小孩子們，深感嘴饞。

這天，爸媽決定晚餐在外吃麵，我們走進一家夜市邊緣的小麵館，這家主打大滷麵、陽春麵、水餃，以及滷菜。每個社區好似都會有一家販售這類麵食的小店，店內某處有著製麵的平臺，麵條皆是老闆夫妻親手擀出，水餃當然也是店內現包。麵店老闆穿著簡單的圍裙或工作服，身上、手上甚至臉上常沾染著麵粉。店內陳設也十足簡單，幾張桌椅、一個小菜櫃跟極簡的佐料臺，卻縈繞著撲鼻香味，遠遠地就能把人直勾勾拉進店裡。

我總坐在位子上目不轉睛盯著老闆擀麵、包水餃，或抓一小團麵條拋入滾水。一股熱騰騰的麵香迎面而來，須臾，麵起、蔥花下，油醋調味，很快就送上桌。老闆動作一氣呵成，像武俠片。當時港劇盛行，我們最愛看《天蠶變》、《天龍八部》等古裝港劇，總翹首期待爸爸帶回最新錄影帶，也因此，我常覺得，身手如此矯健不凡的麵攤老闆，可能是武林中人！

如果是點水餃，在等待美味上桌時的重頭戲，就是自行調製水餃的醬料了，醬油、香油最為重要，但也有這鹹香味的黃金比例，加點辣椒或辣子油，配上飽滿有嚼勁的大塊頭水餃，對小小學童來說真的太滿足。水餃的餡也很簡單，就是高麗菜絞肉，不需五花八門的特殊食材，最基本的口味就滿足矣。

味道的構成經常來自調味料與烹飪手法，因此同樣的豬肉在德國、西班牙、臺灣、泰國，不同的調味與烹飪方式之下便形構出不同的滋味。基於此，麵館或餐館的佐料罐其實非常重要，決定了食物入口的風味與屬性。

四十年前各個小麵館的佐料頗為雷同，經常是一黑一白兩罐，黑色的液體是醬油，白色或說透明的那罐是什麼呢？因為家人從未加過，我也不敢嘗試，小小年紀的我自行猜測，應該是——開水，如果麵的味道太濃或太鹹，可以加一點來讓味道淡一些，畢竟，調淡也算是一種調味，對嗎？

這不知哪來的想法跟隨我多年，多年後才發現這透明液體是白醋而不是水，畢竟

「加水調味」應該是自己在家把菜煮太鹹的時候，才可能採取的補救措施。

總之，在這個夏天夜晚，經過一番調味料的準備，終於，麵條與水餃都上桌了！我們滿懷期待準備開動，卻忽然「啪」一聲——停電了！

停電並非新鮮事，一九八〇年代，甚至一九九〇年代，夏天三不五時就會停電，家裡因而常備蠟燭、手電筒，一旦停電便能立即因應。我們甚至練成在黑暗中也能洗澡、上廁所的本領，但出外上麵館吃飯碰上停電倒是頭一遭。

外頭夜幕已降，整間店陷入一片漆黑，但我並不害怕。跟爸媽在一起，我知道一切都會很好，只是帶著驚異混雜著新奇、有趣的心情，看店家如何處理這個狀況。想不到一會兒後，店家便手持燭臺，宛如天使降臨人間般走向每張桌子安放，大家於是開始進行燭光水餃餐或吃碗燭光麵。意想不到的浪漫襲來，店家也準備得太周全了！

可能被平日的停電頻率訓練有素，店裡沒有人顯現驚慌、害怕的情緒，就這樣如常靜靜地在燭光中吃完晚餐。那餃子與麵條在燭光的照映下別有風味，食客們彷彿正演一齣復古劇。巧合的是，吃完麵，電也來了。而我從此之後，再也沒有在外頭吃過這麼有親密感的燭光晚餐。

這樣小小的店家，賣麵、水餃跟小菜，是臺灣社區中常見的風景，也經常出現於文學作品、舞臺劇或電視劇。小店經常是一對夫妻一起經營，有時夫妻還會一邊吵架一邊煮麵，許多故事在這裡上演，叫一碗麵再切盤滷菜，或許喝點小酒、多叫些小菜，一坐下來，多少人生的況味就在此上演。

武昌街排骨大王與城西記憶

武昌街排骨大王是一個世代臺北人的共同記憶，也是我童年美食驛站的其中之一。從臺北的發展來看，排骨大王與其他此區的百貨名店，共同標示了臺北市西區的昌盛年代。對我這樣的六年級生來說，是一個小時候的魔幻地。

兒時若要逛街，臺北車站一帶及城中區是我們家的首選。當時臺北車站附近已是百貨的集中區，聚集著第一百貨、今日百貨、新光百貨等等。

其中，一九六五年十月開幕的第一百貨，的確就是二次戰後臺灣的第一家大型百貨，有別於小型百貨行及一九五〇年代的中華國貨公司（承襲自日治時期的菊元百貨），大型百貨公司有更寬廣的空間，也能陳列更多國內外商品。第一百貨位在漢口街與中華路口，樓高五層，開幕時的剪綵嘉賓不是任何演藝明星，而是當時的經濟部長李國鼎。第一百貨的董事長東雲章，則是第一屆立委、當過中國紡織貿易公司董事長、全國工業總會理事長、工商協進會理事長等等，可見百貨公司在當年的設立，有經濟發展上的重要意義。

第一百貨之後，一九六八年今日百貨、萬國百貨在西門町設立。接續著這股風潮，一九七二年遠東百貨在寶慶路開張，一九七四年新光百貨落腳南京西路。此外還有一九七七年南京東路上，由板橋林家成員與日本東急合資開的永琦百貨、同年中華路上的國泰百貨，一九七八年武昌街來來百貨、復興北路長安東路口芝麻百貨，到了一九八一年，則是西門町的大王百貨。

短短十幾年間，臺北的百貨公司已進入戰國時期。當時甚至還有百貨公司間的惡性競爭，以低價折扣戰吸引萌芽中的百貨消費者。各公司曾共同成立「綜合百貨小組」來彼此協調，避免更激烈的折扣戰。從這些開設百貨的公司也可看出，商業集團在此時期已漸成形，從上海幫的第一、今日、遠東、大王，到本土企業設立的萬國、新光，乃至與日本合資經營，不同的百貨也開始發展各自特色。有兼營電影院、有頂樓遊樂園，也有主打女性消費，逛百貨成為臺灣新興的消費活動。

相較之下，在臺北東區最早的百貨是一九八四年開設的統領百貨，一九八七年十一月開幕的太平洋崇光百貨SOGO，則號稱是東南亞最大的百貨公司，此後，東區才逐漸興盛起來，成為新的流行聖地。至於現在的信義區，在一九八〇年代仍是荒田、靶場、眷村，臺北世貿中心要到一九八五年才完工。從這個發展脈絡來看，一九七〇年代至一九八〇年代初期，西門町、城中區等城西地帶可說獨領風騷。對像我爸媽這樣需要遛小孩，也需要一點娛樂的都市年輕父母來說，帶小孩到西區，不僅能逛百貨，又可以連結到新公園（現在的二二八公園）、博物館，小孩能夠放電又寓教於樂，實在是條絕佳路線。

只是，此路線全程走起來有點遠，我們年紀較小時，因為腳力不堪長時間逛街，爸媽會把我們先放在重慶南路的東方出版社看書（另一個也常去的是仁愛路的新學友書局）。我們看書時，爸媽便去採買或純逛街，約兩小時後再來接我們，買幾本書，接著一行人去吃午餐或晚餐。尋覓餐廳的路上仍有許多小店可逛，吃完飯，再去新公園放風玩耍，就是完美的一天。

在這全家逛街的快樂日子裡，我們用餐的第一指名就是武昌街「好味道」排骨大王。「××大王」名號常見於臺灣店家，另外還有牛乳大王、鞋子大王、褲子大王、豆漿大王等等。不過在眾多「大王」之中，「排骨大王」當年確實很威，只要是用餐時間，遠遠地在街口就可聞到極具特色的炸排骨、炸雞腿香氣，再靠近一點，會看到店門口料臺上整齊疊成高塔的炸雞腿。見此情景，人們往往無法自拔地入店，循著窄窄的樓梯上二樓，點碗麵，不久後，會有人從一個神祕的小窗口端出一碩大厚實的碗公，裡頭裝著知名的排骨麵。

首次吃麵，這碩大的碗讓我驚訝到嘴巴合不起來，這可不是一般麵攤那種小碗，龐大的碗公，盛裝麵條之外，上方雄踞一支褐色的大雞腿或大排骨。回想起來，童年時大多吃雞腿麵，我想我就是在這裡愛上了吃鹹香酥的雞皮，跟媽媽一樣成為雞皮愛好者，不管之後各種營養健康論述強調雞皮有哪些不良之處，我仍會吃，只要酌量即可。畢竟，這麼香酥油脆的雞皮，怎能暴殄天物！

排骨大王是在一九七〇年開設，老闆翁如金來自浙江溫州，研發了獨特的滷汁及自製胡椒鹽，每片大排骨都軟嫩酥香，有著獨特風味，確實與其他麵店不同。炸排骨一般大分為有裹粉跟沒有裹粉兩大類，各有愛好者。排骨大王的特色就是沒有裹粉，僅以獨門醃醬長時間醃製入味，大火炸起後撒上店家自製胡椒鹽，搭配青江菜與特製酸菜為其特色。

不過，雖說是「排骨大王」，但我最愛吃的其實是雞腿麵。或許是被店門口那如疊疊樂一般排成高塔的雞腿所震撼，加上平日不太可能吃到這麼大的雞腿，我對雞腿麵情有獨鍾。「排骨大王」其實販賣的品項眾多，如魚排麵、清燉排骨湯、福州魚丸湯、新竹貢丸湯、魚頭豆腐湯、溫州餛飩麵等，但我們家一直以來獨鍾雞腿麵跟排骨麵兩味。

麵來了，自己動手多撒一點椒鹽粉，接著先啃雞腿，把那片充滿椒鹽鹹香酥脆的雞皮咬起慢慢咀嚼，感受點點油香滲入舌尖。啃完整支雞腿，擦擦手，再接著吃麵。麵條是我喜愛的細麵，有特殊的嚼勁，拿著沉甸甸的湯匙配湯食用，一會兒就大碗見底。其實頭幾次前去，我的食量都只能吃半碗，必須跟姊姊分食一碗才行，但漸漸地，我可以自己吃掉一整碗了，後來還巴望著食量較小的姊姊吃不下，如此一來，我就可以幫忙吃了。

等麵來的時候，我也沒有閒著。總愛看忙碌的店員們及各路客人點了些什麼，其中最常聽到的，就是店員們常對廚房喊：「保密！」

這太神祕了！「保密」究竟是什麼暗語？孩提身處「保密防諜」時代的我，總愛盯著那個廚房的窗口，想像後方不僅是麵店，應該還有一些不為人知的祕密吧！想著想著，一會兒又有店員喊了好幾聲「保密」，這個問題在我腦海中存了很久很久，直到多年後我才明白，「保密」發音很近似溫州話的「排骨麵」，這家店記錄了一個年代在臺灣的溫州移民，以及臺北西區繁榮的過往。

應該再也吃不到排骨大王的雞腿麵了，就像牽著媽媽的手吃麵、逛百貨跟新公園，再無可能。

人生留下縫隙，而縫隙裡仍有好多甜滋滋的回憶。*

＊本篇參考書目：李衣雲，《實用與娛樂、奢侈與消費：臺灣百貨公司文化的流變》，左岸文化，二〇二四年七月。

三商巧福牛肉麵

牛肉麵已經被形塑為臺灣的代表「國麵」，在機場或許多地方都有「臺灣牛肉麵」吸引觀光客。二〇〇五年開始讓牛肉麵躍升此地位的臺北牛肉麵節，也已經辦到二十幾屆了。的確，我心中也有一家最具代表性的牛肉麵店，但那不是得過任何大獎或美食家推薦的牛肉麵店，而是連鎖店「三商巧福」。

其實，牛肉麵很少是我們家的外食選擇，一方面它在麵食中偏貴，另一方面我們對此口味並無特別偏好，而其他陽春麵、肉羹麵、大滷麵、乾意麵也很好吃又比較便宜。

第一次吃牛肉麵，是爸爸帶我們去吃公司附近的「老張牛肉麵」。那家也是歷史悠久、地方知名，或許是某位名喚「老張」的老兵所開吧！幾十年前許多牛肉麵店都叫「老×牛肉麵」，標榜紅燒或川味，經常是一個簡單的麵攤或小店面，裡頭有位臉上布滿風霜、手腳俐落的壯漢或老先生煮著牛肉麵、切滷菜，香氣四溢。據我觀察，當年會去吃此種牛肉麵攤的顧客，同樣以男性居多。

除了老張，我們也吃過「清真牛肉麵」。「清真」一詞對小孩來說新鮮又神祕，依稀記得，小女孩的我牽著爸爸的手走進這間麵店，東張西望、努力嗅聞，店中的味道確實跟其他紅燒牛肉麵店有些不同，但到底什麼是清真牛肉？後來才知道，老闆是回教徒，因此開設符合宗教規範的麵館，牛肉的取得須經過唸誦伊斯蘭經文等宗教程序。這裡的清燉牛肉麵較知名，的確不同於其他常見的紅燒牛肉麵。

然而，我對上述這些麵的味道都沒有太深印象。對小孩子而言，當時還無法領略牛肉麵的美好，因為牛肉其實有點難咬，而且容易卡牙縫。雖說有時候，爸爸也會親自下廚煮牛肉麵，牛肉切小塊，以快鍋燉煮到入口即化，加上同時久燉的蘿蔔，有時加辣椒、有時加番茄。爸爸只要煮牛肉麵，媽媽就會炒酸菜搭配，自家製可以隨喜好調整，總能創造自己最喜歡的風味。不過，也是久久吃一次。

一九八四年一月二十八日，臺灣第一家麥當勞正式開張，彷彿在臺灣餐飲業湖泊中投下一顆巨石。從此，窗明几淨、供餐速度快、各分店價位與品質標準化的「現代化」西式連鎖餐飲吸引了消費者，消費者對店家的要求也提高了。

面對外來衝擊，一九八〇年代上半開始有商家做出改變，朝製程標準化、連鎖經營等方向邁進。三商巧福的開設，即是在此發展脈絡下的產物。

一九八四年，三商成立「七七巧福牛肉麵」，開幕時一碗牛肉麵七×七四十九元，採用開放式廚房，標榜「中式口味、日式服務、美式經營」。但因此店名與其他食品商標過於接近，在撞名疑慮下於一九八六年改為「三商巧福」。「三商巧福」開設第一家店就大受歡迎，至一九九〇年已擴展到八十家分店。當時雖已稍漲到一碗牛肉麵五十五元、牛肉湯麵三十三元，但與其他牛肉麵店相較仍相當平價。若與其他麵食比一比，當時臺北都會區的陽春麵一般二十元、大滷麵三十元，其他地區的麵食應該會再便宜些。

第一次看到三商巧福，是在重慶南路上。某天跟爸媽逛完熱鬧城中區，前往回家的公車站路上發現：「哇！這裡開了一家新餐廳！」而且大排長龍！橘色系的裝潢、明亮的燈光、桌上那兩罐酸菜與辣椒，還有沉甸甸的湯匙，與其他眾多店面較小較暗的牛肉麵店相比，確實很不一樣。連鎖商店或許意味著商業化、一致性，但在連鎖商店剛開始在臺灣出現的一九八〇年代，這樣的連鎖商店也代表品質有大型公司的保障，加上價格透明清楚、各分店水準一致，在當時因此非常受歡迎，就連童年的我也深受吸引，想進去試試看。

一九九〇年之前，類似的商店還有「香雞城」、「莊大德」、「唯王速簡」、「漢華美食」等等。漢華美食是由統一公司在一九八七年成立，以銷售臺灣麵點為主。「唯王速簡」由高雄的肉品公司唯王開設，店內有許多港點、麵、飯，同樣是現代化的連鎖餐廳，有一家開設在敦化北路，算是很高級的快餐，媽媽也曾帶我們在附近的醫院看診後去吃過，用現代感的餐食慰勞我們小小病軀。

一九九〇年代則是速簡餐廳與連鎖餐廳發展快速的年代，在經濟成長、外食人口快速增加、都市飲食需求迅速擴增的情況下，許多企業投入經營連鎖餐飲，相伴發展的不僅是店家，還有中央廚房以及低溫物流中心，如統一、味全等都在一九九〇年代初期就已興建低溫物流中心，也預見了之後幾十年餐飲業走向冷藏、冷凍調理食品蔚然成風的巨大變化。

三商巧福在重慶南路的店生意很好，還曾在一九九〇年推出「下午茶」，相當新潮。此區域靠近臺北車站，本來就人潮眾多，每每經過這家店，我總是被那黑色大碗裡盛裝的麵食吸引，加上小菜、飲料，實在勾起小孩的食欲。

終於有一天，爸爸帶我們去吃了！我點了沒有肉的牛肉湯細粉，以不到五十元的價格，可以喝到牛肉湯，吃我喜歡的冬粉，又可以一直加桌上的酸菜，真的是太划算。從此之後，三商巧福的牛肉湯細粉一直是我的愛，尤其在中華職棒開打之後更是如此。

一九九〇年，中華職棒開打，職棒元年下半季我開始看棒球，雖然跟牛肉麵無關，但我成為三商虎的球迷。作為虎迷的日常，便是聽棒球轉播、看棒球報導與職棒雜誌《虎虎虎》，以及吃三商巧福。當球隊遇到重要比賽的時候，我會走進三商巧福，奢侈地點碗牛肉麵或細粉，邊吃邊排棒次，然後祈求我的「加持」能為球隊帶來好運。如今想來，這樣的想法可能來自去廟裡拜拜時給予「香油錢」的概念，可惜不常奏效，三商虎後來解散，我的（看）棒球路也終止了。臺北市立棒球場被殘暴拆除前的最後一場比賽，我也在現場，並在結束時抱回一罐紅土，作為青春看球年代的紀念。

失落抱回紅土的我沒有意料到的是，數年後，到了在寫博士論文的「臺灣菜」研究期間，三商的飲食專業圖書館又成為我經常流連之處。這裡有豐富的飲食文化藏書，是找研究資料的好地方。

不僅去圖書館，我也開始恢復吃牛肉麵，假田野調查之名到處吃喝，吃過多家牛肉麵節得獎店家、訪問得獎師傅。但就算味蕾累積了再多不同風味的牛肉麵滋味，我最喜愛的還是三商巧福，因為那裡，承載了小時候跟爸媽一同逛街的美好回憶。

我家牛排、華新牛排：西餐初體驗

大多數臺灣人是什麼時候第一次吃到「西餐」呢？

我曾針對臺灣社會出現「西餐」的歷史脈絡寫過一篇論文，結果發現其實相當早。十九世紀下半，西洋料理在日本大都市裡已經頗為盛行，隨之而來，十九世紀末就有日本人來臺開設「西洋料理屋」。例如當時的知名景點圓山公園有間料亭「臺灣樓」，其實是販售西洋料理。基隆作為重要的港口，因為有許多外國人出入，也曾有一段時間，西洋料理屋的數目僅次於臺北，比高雄、臺中等城市還要多。

這些西洋料理店賣什麼食物？從菜單上看來，有牛排、三明治、聖代、咖啡、奶昔、麵包、蛋糕，某些店也有蛋包飯此種當時在日本已經出現的「洋食」。日治時期臺灣最高檔也最昂貴的西餐，則出現在臺北車站附近的「鐵道旅館」，甚至供應法國菜。畢竟日本官方在一八七三年就已經規定，國家典禮的晚宴都供應西餐，特別是指法國料理。

雖然鐵道旅館的主要客人以日本人為主，但也有不少臺灣紳商到訪。在臺灣第一位女性記者楊千鶴的自傳《人生的三稜鏡》中寫到，她所就讀的日治時期女子最高教育機構「臺北女子高等學院」，每年畢業前夕的謝師宴，都是在鐵道旅館舉行正式西餐宴會。臺灣現存最早的西餐廳，則是大稻埕的波麗路西餐，從一九三四年屹立至今。

除了餐廳，其實也有極少數很早就開始接觸西方文化的臺灣家庭。在洋行工作起家的李春生家族，距今一百多年前就開始在家裡吃西餐、西點，例如烤蘋果派、烤餅乾等，甚至有家族後代開設西餐廳。但以我自己來說，開始吃到所謂「西餐」，已是一九九〇年前後，而且地點相當在地，是在夜市的「我家牛排」。

「我家牛排」創立於一九八七年，第一家店位於臺北市合江街巷子內，算是頗資深的平價牛排。此前，如果想吃牛排，得到貴桑桑的西餐廳，比如一九六七年開幕的「藍天西餐」，位在中山北路一棟商業大樓的頂樓十三樓，號稱是當時臺北市最高的餐廳，主打黑胡椒牛排與菲力雞，主廚來自瑞士，年輕又帥。一份西餐晚間套餐要價一百二十元，含沙拉、湯、二菜、咖啡、點心及服務費。

很快地，「最高餐廳」地位易主。一九六九年，位在十四樓的「阿波羅旋轉餐廳」開幕，供應美式牛排。因為整層餐廳可以在一小時內旋轉一圈，從高空三百六十度觀賞臺北市景觀，廣受矚目。

一九六〇年代末，各大城市都開始出現西餐廳，如高雄皇都大飯店屋頂花園餐廳，主打美國德州牛排；愛河旁的義大利餐廳，以紐西蘭牛排聞名。臺中也有國華、蒙地卡羅等西餐廳，不少都有歌星駐唱或表演，甚至不乏外國歌手表演。而整體說來，西餐廳牛排，是屬於相當高價的享受。

隨著牛排日益受歡迎，一九七六年，夜市牛排開始現蹤。原為西餐廳廚師的孫東寶在夜市擺攤賣牛排，一客只要四十五元，食客趨之若鶩。之後陸續有平價及中價位的牛排館開幕，甚至走向連鎖經營。如一九八〇年華新牛排在臺北東區開幕、一九八二年日本芳鄰西餐、一九八五年星辰牛排、一九八六年美國龐德羅莎西餐廳來臺，供應牛排、沙拉吧、漢堡、炸雞，獨樹一格。

西餐廳興起的旋風，一九九〇年起我也感受到了。該年是職棒元年，還是中學生的我成為三商虎隊的球迷，偶爾也會去臺北市立棒球場看球，只要看球，就會經過南京東路上的瑞華西餐廳 Chalet Swiss，美麗的窗簾、晶瑩的酒杯，與其他餐廳氛圍大不相同。每次經過，一瞥之間我也好奇著，牛排的滋味跟炒牛肉絲、滷牛肉，到底有什麼不同？

忽然有一天，我家附近的市場新開一家「我家牛排」，牛排的香氣咫尺可聞，價格也親切多了。終於，我們全家也踏上吃牛排的路，但與其說是吃，更可說是享用了一次跟日常截然不同的用餐體驗。

才剛點好餐不久，服務生便送上一盤現烤的溫熱香蒜小吐司。在吃飯前先吃麵包？這可是過去臺灣人不會有的習慣。接著送上的是點綴烤麵包丁的玉米濃湯，跟自己家裡煮的玉米排骨湯風味迥異，我們也學著拿胡椒罐，在湯上撒點粗黑胡椒粒，這同樣是喝家常臺式湯品時不會做的事。吃喝完這些，已經半飽，牛排這才上桌。黑色鐵盤用不鏽鋼蓋子蓋著，第一次吃的時候，服務生會客氣地殷殷提醒，記得打開潔白餐巾，擋住開蓋後可能噴濺的油花。蓋子一打開，像驚喜盒一樣，裡頭的蛋、少許三色蔬菜、通心麵跟牛排滋滋作響。後兩者是三十幾年前很少吃的食物，有一種溢出日常的奇異感受。即使是熟悉的煎蛋，一旦放在鐵盤上，彷彿也有了特別的光彩。對當年的我來說，這鐵盤上的蛋，可以自己決定要不要翻面，也可以拿平日不太使用的叉子戳破蛋黃，可以控制蛋的熟度與形狀，是很新鮮的經驗。

這樣一客牛排餐，當年要價一百一十元，如果選豬排或雞排會更便宜一些。相較於華新牛排的「皇家海鮮牛排全餐」要三百九十元，雖然用餐環境、食材等確實不同，但在小牛排店可以用一百一十元吃到一客鐵盤上滋滋響的現煎牛排，對一般民眾來說還是充滿吸引力。

我家附近的這家「我家牛排」，工作人員都很年輕，清一色穿著牛仔褲、黃色制服，主要收錢的那位大哥哥腰上掛著時興的霹靂包，裡面裝厚厚的鈔票。大家臉上經常充滿笑容，看來非常有活力。這間店剛開幕不久，媽媽看著這些青春洋溢的年輕人大膽猜測：「這間店應該是幾個大學生合開的吧？他們可能合資開店，每個看起來都很努力。」

大學生，這在當年也是一個跟牛排差不多珍貴的身分。儘管無法知道那幾位工作人員是否真的是大學生，但在一九八〇年代甚至一九九〇年代初期，能當上大學生可不容易。一九八八年大學聯招，全國考上大學的人數僅有三萬多人，但那年十八歲的人口，可是約有四十萬。

吃了幾次我家牛排，我們也吃過一次「華新牛排」。這回，真的是正襟危坐了。有沙拉、湯、前菜、麵包跟主餐，還有衣著講究的侍者與複雜的叉匙。當時中等價位的類似西餐廳還有鬥牛士、時時樂。一九九三年政大校內的鬥牛士推出兩百元有找的套餐，即使仍不便宜，但以西餐來說仍很划算，吸引不少人專程前去享用。

一九九〇年，來自美國的時時樂（SIZZLER）在臺設店，掀起「吃到飽」餐廳風潮。為了吸引消費者，西餐廳的新趨勢便是在主餐之外，還提供自助式沙拉吧，且菜色種類愈來愈多。據報導，臺南的鬥牛士甚至有關東煮、春捲、雞捲、炸豆腐、蒜泥白肉、五味透抽、黑白切、香菇瘦肉粥和紅燒土魠魚羹等臺灣小吃。在牛排館競爭激烈的情形下，沙拉吧的內容成為消費者選擇牛排館的重要考量，開啟了新的餐廳篇章，餐飲業的競爭更加激烈。

如今，吃西餐早已不是什麼稀奇的事了，但飲食回憶裡，最記得的常常不是餐食的價位，而是一起吃飯的人和用餐時的情感流動。

第一次一起吃西餐的人，在那個剎那之際對人與食物的悸動。西餐之於我，是這樣的一回事。

小美冰淇淋

誰不喜歡吃冰呢？

臺灣一年中適宜吃冰的日子這麼多，對我來說，除非寒流壓境，不然無日不可吃冰。再說，臺灣早期盛行的求職指南就是「第一賣冰、第二做醫生」，賣冰的收入還凌駕在「有健保前的醫生」之上，絕對不可小覷！

一百年前臺灣人就很喜歡冰品了，最會寫食記的日治時期文人黃旺成多次在日記中寫到他吃冰、冰棒，或是冰淇淋（アイスクリーム）：例如，一九二九年五月二十日，晚上搭火車到臺中，睡前吃了甘蔗、冰棒止渴；一九三五年十月十一日，到臺北看臺灣博覽會，在菊元百貨吃午餐也吃了冰淇淋，還巧遇林獻堂等人。

臺南的醫生文人吳新榮，一九三八年八月酷暑時的日記也寫到，他在佳里吃到一碗三毛錢的牛奶雪花冰，且是因為賣冰的商家競爭激烈，才會這麼便宜，可見賣冰的商家絕對不少。到了二次大戰後的一九四六年四月，社會秩序尚稱平和之時，吳新榮在臺南的夜市大快朵頤，一連吃了鱔魚麵、雞肉粽、愛玉冰、魚丸湯、當歸鴨、雞卵冰，他稱「真是世上的盛宴」。現在已可稱為古早味的雞蛋冰，在八十年前的夜市也有販售，是炎夏裡的人間美味。

除了雞蛋冰、雪花冰，更多人熟悉的是冰棒「枝仔冰」，以及用喇叭招攬客人的「叭噗」。小販踩著腳踏車沿街叫賣，特別會集中在小孩子多的地方。

相較於現在的少子化（二〇二四年一整年，只有十三．四萬個小寶寶出生），一九六〇年出生的新生兒共四十二萬個，一九七〇年是三十九．六萬，到了一九八〇年則有四十一萬，堪稱臺灣新生兒的盛世，到哪裡都是小孩。眾多小朋友們總張望、等待著賣枝仔冰或叭噗的老伯出現，等賣冰阿伯打開腳踏車上的冰櫃，拿出一支支插好竹籤的冰棒，有酸梅冰、芋頭冰、紅豆冰、清冰，或是用冰杓舀出冰放在甜筒上——

哇！接著可以驕傲地用誇張姿勢舔枝仔冰給旁邊羨慕的友伴看，也可能是好幾個兄弟姊妹一同搶食，共享一球寶貴的冰淇淋。

「小美冰淇淋」就是誕生於這樣的年代。

一九四五年創業時，還叫「白美」枝仔冰，到一九六二年成立「小美」，以自動化設備生產冰棒及冰淇淋。一九六九年開始有「雙葉」公司加入冰品市場，從國外引進新型機器及草莓口味，與傳統的鳳梨、花生、芋頭冰分庭抗禮，一支冰約在兩元左右。

一九七六年，「凍凍果」隨著知名廣告歌問世：「好吃啊！好吃啊！凍凍果！大家來吃凍凍果。營養豐富衛生好，大家來吃凍凍果！」凍凍果其實是用小小的冷凍袋裝果汁味糖水，再冰凍製成，因為很容易自製，其實在市場上銷售時間不長。不過，這首洗腦廣告歌成功地深入人心，直到現在，我近八十歲的父親都還朗朗上口。接續凍凍果的，是類似口感但包裝更好的百吉棒棒冰，即使一支三元，在當時不算特別便宜，仍大獲成功。

相較於枝仔冰、雞蛋冰、棒棒冰這些可以帶著走的冰品，小美冰淇淋除了販售紙盒裝的冰淇淋外，也把冰品呈現為高級品，讓客人正襟危坐在桌邊，用精緻小湯匙慢慢享用裝飾精緻的冰，成就了我兒時難以忘懷的吃冰體驗。

那年約莫是一九八〇，現在的金山南路還不存在，原位置仍有一些建築，小美冰淇淋在這裡有一家門市。已忘了是爸爸加薪還是發生什麼好事，總之，他帶我們到這家像西餐廳一樣的高級冰淇淋店入座。天啊！桌上有花，還鋪了美麗的桌巾，服務生拿精美的菜單給我們，尚未上小學的我，簡直像置身夢裡。

雖說置身美夢，但我跟姊姊點單時還是照外食慣例，選最便宜的品項，這個習慣到自己出社會工作好幾年後，才慢慢改變。當時小美冰店內最便宜的冰淇淋，是一球香草冰淇淋。爸爸點了香蕉船、媽媽點雪人冰淇淋，接著我真的是拉長了脖子，萬分期待冰品上桌。

來了來了，天啊！爸爸的香蕉船上原來真的有香蕉！是長條切半的兩瓣香蕉排成船形，用船形的容器盛裝，中間有三球冰淇淋，並搭配鮮奶油、餅乾、水果。媽媽的雪人冰淇淋也上桌，是兩球一大一小的冰淇淋疊在一起，做成雪人的模樣，以葡萄乾為眼，同樣有餅乾、水果裝飾。

幸好，我跟姊姊的香草冰淇淋也不會太陽春，以晶瑩剔透的玻璃杯盛裝，彷彿聖杯一般端來。更重要的，是那球冰淇淋的四周竟然有煙霧繚繞。爸爸說那是乾冰，讓我的冰置身雪境。這應該是我人生中第一次在餐桌上見到乾冰，讓人彷彿一秒到雪國，簡直捨不得入口了！

或許是因為初次見到這麼豪華的冰淇淋，這次吃冰的景象成為我腦海裡的奇觀，永難抹滅。之後即使也吃過雙聖、三一，及其他更貴的冰淇淋，但都無法取代這初次與父母同享的經驗。

當年，小美冰淇淋可說是冰品界第一把交椅。但除了小美，各地還有好幾家知名的冰店，如臺北武昌街上的「雪王」，一九四七年開業，曾有數家分店，特色是各種特殊口味冰淇淋：豬腳、當歸、九層塔、人參、肉鬆等，乍聽這些口味，我真的目瞪口呆，心情很久才平復。另外，我們在搭客運或開車回臺中的路上，若有機會到休息站，會購買在一九七〇年代名聞遐邇的「草湖芋仔冰」，小小一盒裡面有六塊冰磚，包括不同的芋頭口味，也有百香果、花生、牛奶，大小適中入口方便，或許因為蔣經國曾經吃過，因此非常知名。

到了我父母的故鄉臺中，我們會去吃媽媽喜愛的「蜜豆冰」。一九六〇年代臺中第一市場內已有蜜豆冰，甜甜的花豆、紅豆、綠豆，即使不清楚是什麼豆，夠甜就是王道！跟現在大家講求的「不會太甜喔」天差地遠。

若在臺北，我們偶爾會去家附近的夜市，吃份來自基隆的泡泡冰。當時泡泡冰是用跟茶杯差不多大的小碗裝，但冰的高度約莫是小碗的三倍以上，儼然一座冰的高塔。泡泡冰經過攪打，口感綿軟，有點像冰淇淋卻又吃得到小冰晶在舌尖上融化，跟一般刨冰不同，非常好吃。我喜愛點花生或牛奶口味，跟姊姊一塊分食。有一次，我吵著堅持要自己吃一碗，不想再跟姊姊分一碗，或許是拗不過我，爸媽真的幫我點上一碗獨享冰，成功升級大碗冰的小女孩立刻眉開眼笑。吃泡泡冰高塔最上方的三分之一時，我覺得自己是冰之女王；到中間三分之一時，我逐漸變成愛斯基摩人，開始需要外套；最後碗裡的冰還剩三分之一，真的不行了，我一直發抖，終究還是厚顏請爸媽幫忙吃完，以免自己成為冰棒。

那次我發著抖離開冰店的樣子，成為家人間的笑談。日後，看到自己的孩子說「媽媽，我長大了，我要自己吃一份」時，總是忍不住發笑，心想：孩子啊，別著急，你好快就會長大了，不但可以自己吃一份餐，很快也要自己扛一份責任、賺一份薪水，媽媽能做的，就是陪在你的身邊，在你需要時，幫你把冰吃完。

後來的小美冰淇淋，曾經沉寂又經過轉手，如今仍能在商場的冰櫃裡相見。雖然冰店不復在，但那碗需要正襟危坐品嘗、冒著乾冰的小美香草冰，繼續在我心裡，閃閃發亮。

豐原糕・餅

首先要說明，標題並沒有寫錯。

糕、餅在發展初期原本就是不同的食物。「糕」指的是把米磨成粉後加入麥芽糖或其他糖類製作的「糕仔」。如今市場或賣場在年節時也會販售梅子、綠豆口味的糕仔或糕仔粒，這在早年是口味最為普遍的大眾祭祀品與點心。

在我的童年時期，每逢拜拜或過年，一定會有圓圓大大、常溫保存、口感紮實的糕仔；但若是送禮，則會挑選尺寸較小、口感細緻的精緻品，如鳳眼糕、杏仁糕、桂花糕、綠豆糕、鹽梅糕等。綠豆糕包括以熟綠豆仁製作、加了豬油的綠豆潤，跟以生豆仁做的綠豆黃。各地老餅鋪也發展出不同特色的糕仔，如油蔥糕、菱形糕、八角糕等。只要是夠老的餅店，都有自己獨門的特色糕仔。

來自臺中外埔農家的父親說，家裡的「糕仔」都是自己製作，農業社會的農家以「不花錢」為原則，能自製就不會花錢購買。做糕仔也不難，先是炒米，把米在灶上的大鍋裡炒熟炒酥，一旦米炒好，小孩們就忍不住開始偷吃這些香酥的米。接著把炒好的米送去碾米廠，磨成糕仔粉，若不想在家裡炒，碾米廠也有幫人炒米的業務。

把碾好的糕仔粉帶回家後，先把砂糖煮成糖膏，接著跟糕仔粉一起揉成糕仔糰，拿出糕仔印塑形，接著就可以上灶蒸，蒸成圓弧形的糕仔，是拜拜的供品，也是過年的節慶食物。

與「糕」不同，「餅」則是以麵粉包裹餡料製成，以皮的製法來分，有清仔皮、油皮、酥皮，多稱為漢餅或大餅。由於「餅」用了豬油、冬瓜糖甚至堅果類等餡料，價值比「糕仔」更高，因此中秋或喜慶一定會做大餅，還以秤重的方式計費，愈重的餅，料愈多、價格也愈高。餅的種類繁多，從餅皮、餡料、外形、所用油脂或糖的種類，全都有變化。

雖然許多人現在有「麵食是在二次戰後才興盛」的印象，但這說法並不正確。到了二戰後才興盛的，其實是加入奶油類製作的麵包、西點、蛋糕。但如果說是「麵食」，那無論是麵條，或以麵粉製作的「大餅」，在清代就已經很風行了，只是都屬於點心或嗜好品。冬瓜肉餅、鳳梨餅、壽桃都在節慶或祭祀扮演重要角色，甚至厚版牛舌餅在清代就已算是平民美食。

也正是因為糕餅業的歷史悠久，如今才會有好些傳了數代的「百年餅店」。例如義美的創始人高番王就曾在知名餅店寶香齋工作，寶香齋開設於一八八七年，業主為余傳臚。臺南陳源的「萬川」、彰化「碧香珍」、新竹「新復珍」都在一八九五年左右開業、基隆「義成興商店」則在一八九六年開業，都是當時知名的餅店。

我非常喜愛這些傳統糕餅，但又更喜歡融合了點日本味的糕餅，我想，這跟我母親來自豐原，一定有很深的關係。

豐原有許多知名糕餅店，每次回去，媽媽一定會帶我們去中正路採買一番。小時候，我一直以為全臺灣的每座城市都有一條糕餅街，長大後才知道，豐原其實很特別。

根據一九二七年的商工名錄，豐原當時有十一家餐飲店，其中比較高級的六家料理屋，除了日本料理、中國料理各兩家，也有兩家臺灣料理店：醉樂天、富春園。不過光是菓子店（餅店）就有五家，包括呂水的雪花齋、吳水木的異珍號、江阿田的聯發聯連、林九的源益珍、林坤樹的梅河齋。這些店中又以源益珍、雪花齋最為知名。此外，還有不在商業名錄上但在地方十分知名的義華餅行。有時，我們還會特地驅車去社口犁記餅店買餅。

雪花齋由呂水（一八八〇－一九六九）創立，他先是少年時向廣東汕頭師傅陳踶學習汕頭料理以及糕餅，並曾擔任地方仕紳陳德全的廚師，後來在一九〇〇年開設雪花齋，也曾經營過梅春香酒樓。從一九三三年一份訂單可見，結婚喜餅包括肉餅、鳳梨餅、油酥餅三種，婚家一次訂了各一百二十個。另外有意思的是，一九三〇年代的雪花齋有販售麵包的紀錄，顯示了其實在日治時期糕餅店就有販售麵包。

糕餅店在臺灣有其特殊性，因為「敬神」與「喜慶」的重要場合一定要有餅，所以鎮上需要餅店能製作拜拜祭祀及家中喜事的糕餅。在此情況下，地方糕餅名店也大多會積極參與當地重要民俗活動。以豐原來說，以農曆七月的放水燈活動最為盛大，糕餅店都會予以贊助。

放水燈是許多廟宇到現在都還持續的民俗活動，在普渡前一天，藉由水燈指引好兄弟前往醮場，水燈通常做成房屋的形狀，包括平安首、招財首、觀音首等多種主題，並由地方商家贊助。地方餅店在這樣的活動中不可或缺，更留下諸多參與紀錄。雪花齋在一九二八年就得過豐原水燈活動的優等賞旗與金牌，在一九二九到一九三一年間，更與源益珍在競賽中分別為「水燈首」與「平安首」。

儘管糕餅最初是以祭祀用途為主，但隨著商業活動的興盛發達，漸漸成為商業人士往來時互相贈送的重要禮品，也是招待客人必備的典雅小點，商業活動興盛的城鎮，以及香火鼎盛的地區，因此往往都有知名糕餅店。如同鹿港，豐原早期既有熱鬧的商業活動，又有大量廟宇信眾，繁盛的糕餅一條街便緣此而生。

小時候回豐原，有時去雪花齋，有時去「老雪花齋」，另外還有菊花齋——都源自同一家老店。此外，我們也很愛去的有：聯翔、宝泉，及後來的陳允宝泉。這些豐原餅店的老師傅中，不少有跟日本師傅學藝的經驗，或甚至曾到日本開店，開發出許多具日本風味的糕餅。他們做的糕餅個頭較小、不油膩，又採取雅緻的日本風包裝。我童年時的臺灣社會，總瀰漫著「國外的月亮比較圓」心理，作為小孩的我，也覺得這種具異國風的點心特別「高級」。

另一家具異國風情的餅店是「薔薇派」。這家店在一九六八年首創時是一家冰果室，老師傅原本在美軍俱樂部學習，一九八六年後開始製作西式的派，但招牌「紅豆派」卻是歐美沒有的口味，而且顧客可以任選不同口味，再組成一個圓形派，銷售方式非常新潮。每次回豐原，總期待去糕餅街買兩盒餅，我最愛的是一盒單純甜甜綠豆餡的小月餅、一盒薔薇派，一手提一盒，沉甸甸地，離開豐原時總心滿意足。

如同糕餅口味多元，家人們喜愛的口味各異，媽媽喜歡老雪花齋的綠豆椪、鹹蛋糕，爸爸喜愛雪花齋的餅和宝泉的蛋黃酥，當時蛋黃酥算是創新口味。但我童年時實在不懂欣賞這些甜鹹交互、口味複雜的點心。此外，臺中還有老牌的太陽餅、新興的老婆餅、奶油酥餅，以及要有人送才吃得到的鳳梨酥，選擇多多。

如今，這些餅還在，但當年的新口味成了古早味，要排隊的店現在須不斷變化求生存。不變的是鍾愛老式糕餅的我，即使到了要注意膽固醇的年齡，仍繼續享用，畢竟和熱量相較，更珍貴、值得一品的，是文化啊。

生日蛋糕

在臺灣的人們，從什麼時候開始流行吃蛋糕慶祝生日呢？資料顯示，這流行之風應該是在一九六〇年代末至一九七〇年代之間吹起。出生於一九四九年前後的父親母親，到我們出生之前，不曾用蛋糕幫自己慶生，但我從一九八一年滿四歲開始，就擁有吃生日蛋糕的待遇。

別說臺灣了，就算是在西方世界，生日吃蛋糕也不是一件自古就有的事。雖然把蠟燭插在蛋糕上的傳統可溯及希臘時代，最初目的是為了讓甜點看起來像月亮一般發光，以向月神阿緹米絲（Attemis）致意。圓形生日蛋糕的出現，也是為了紀念阿緹米絲的生日。但一直要到十八世紀，在生日時享用蛋糕，才開始在部分地區成為風潮。

畢竟在此之前，做蛋糕並不容易，比較有機會吃到蛋糕的時機是聖誕節、婚禮等大日子，且是與許多人一同共食。必須要等到糖、蜂蜜、蛋、烤製設備等都達到相當的普及程度後，一般社會大眾才開始有機會享用「生日蛋糕」此種高度個人化的甜點。

話說回來，在十九世紀歐洲部分地區開始有出生登記制度之前，多數人，特別是庶民階層，根本也不知道自己是哪一天出生，既不知道哪天出生，又不清楚自己幾歲，根本也無法產生「過生日」的想法。

而在臺灣，自清代以來，臺灣漢人傳統上的「做生日」是高壽者的慶壽儀式，且並非每年都會慶祝。即便是富有人家，也常是在滿五十歲後，每十年盛大舉辦一次，也有人是慶祝「六十一、七十一」等逢十晉一的生日。不過，大戶人家長輩的壽誕的確豪華，不但席開數十桌，也會請戲班前來表演，場面相當盛大。

在食物方面，慶壽一定會有豬腳麵線，此外也有各地區或家族的特色菜餚，如日治時期府城辛家慶祝「興南客運」創辦人辛西淮的壽誕時，依據辛永清描寫，除了豬腳，最重要的是「什錦全家福大麵」，也就是臺南人節慶常吃的滷麵，象徵了對壽宴的重視。

與此同時，在歐美國家，十九世紀末已開始有吃生日蛋糕、唱生日快樂歌的慶生方式，而且無論兒童、成人都可以慶祝，也不再限於高壽的長者。到了二十世紀初期，這樣的慶生方式透過來到亞洲的西方人傳入。例如，二十世紀初在日本所出版的蛋糕食譜中，已經可以看到多種蛋糕、派的彩色圖片，均有豐富的奶油裝飾。

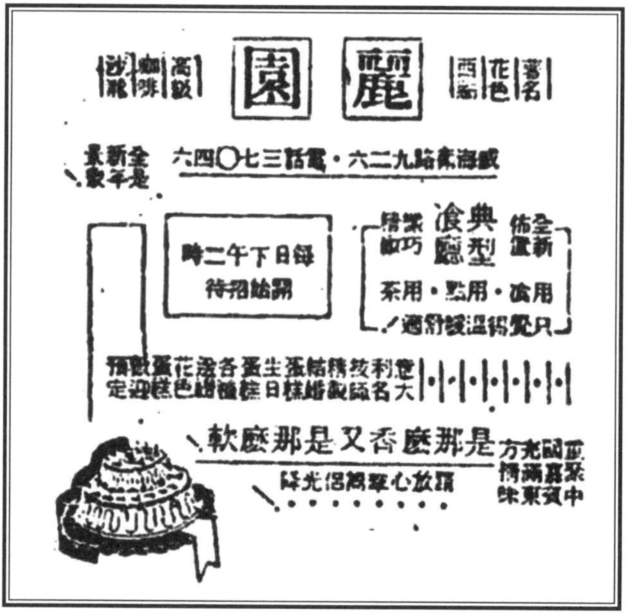

麗園的雙層蛋糕廣告。

再近一些，到了二次戰後，已經可以看到更多廣告。例如，一九四六年元旦的上海《申報》上，就刊登了威海衛路「麗園高級咖啡沙龍」的雙層蛋糕廣告，強調店裡有結婚蛋糕、生日蛋糕、各種送禮的花色蛋糕，且是由義大利名技師精製，「是那麼香又是那麼軟」。

由西方人帶到上海等地的慶生習俗，自一九四九年大量移民進入臺灣後，也逐漸在臺灣盛行。藉由社交場合、名人宣傳，中上階層的家庭開始會在孩童生日時購買蛋糕慶祝。漸漸地，麵包店也會提供生日奶油蛋糕，慢慢形成了新的慶生風氣。

一九六〇年代臺灣的知名蛋糕店，僅有百樂、福樂、主婦之店，尤以前兩家最有名。到了一九七〇年代，已有好幾家知名的蛋糕公司。如好萊奶品、上新奶品、紅粉佳人蛋糕中心、金葉蛋糕、美國花旗藝術蛋糕、順成西點麵包、世運食品、富士屋等。連武昌街上的明星西點麵包公司，也會推出應景的各式耶誕節特製蛋糕及點心。有報導稱：「這些應景點心蛋糕，有含有果酒香味的耶誕水果糕、耶誕天使糕、德國耶誕糕、瑞士巧克力耶誕糕、水蜜桃鮮奶油蛋糕及鐘形、耶誕樹形、天使形、教堂式各種精巧的耶誕小餅等。」聖誕蛋糕的種類之多，與今相較，實在有過之而無不及。

其中，來自美國公司投資的「好萊奶品公司」推出冰淇淋蛋糕及美式蛋糕，所謂美式蛋糕，其實就是鮮奶油蛋糕，尺寸從九吋到十六吋都有，強調「各種配料皆由美國直接進口，製作也是根據美國配方」，凸顯出當時美國文化的獨特優勢。

我第一次吃生日蛋糕，是一九八一年四歲生日時。當時爸爸剛好從日本受訓回來，或許因此是個慶祝生日的好時機。我跟姊姊生日接近，而我的生日先到，因此那年爸爸買了一個黑森林蛋糕，在我的生日那天跟姊姊一起慶祝。母親特別讓我們穿上新衣服、夾上新髮夾。蛋糕的一邊插四根蠟燭、另一邊插五根蠟燭，我跟姊姊輪流唱生日快樂歌。照片裡，媽媽切著蛋糕，我跟姊姊盯著蛋糕上僅有的三顆罐頭紅櫻桃。或許，那是我倆出生以來第一次見到「櫻桃」的神奇時刻！

我跟姊姊的生日儘管接近，卻僅有那一年一起過，之後都是在自己的生日當天慶祝。儘管只差個幾天就得再買一次蛋糕、再唱一次生日快樂歌，爸爸媽媽仍願意讓我們享有自己的生日蛋糕與儀式。韓劇《請回答一九八八》中，妹妹德善跟姊姊寶拉的生日只差三天，而她的父母都選在姊姊寶拉的生日那天慶祝，德善對此是憤怒又委屈。多年後看到這一幕，我才忽然體認，能單獨慶祝自己的生日，是爸爸、媽媽給我們的奢侈。

不僅單獨吃蛋糕，我七歲那年的生日，還第一次訂了雙層蛋糕！當時許多家庭小孩眾多，我跟姊姊剛好有些同學也是鄰居，放學後經常一起玩。我們住的巷子，算算就有八、九位小朋友念同一所小學。曾有段時間，其中一位擁有小貨車的家長在每天開車送小孩上學的時候，都會讓同巷子的孩子們搭便車。在短短的搭順風車上學途中，住對門一位口才甚好的六年級姊姊會講恐怖故事給我們聽，非常生動可怕，後來她成為知名主播，小時候她講的那些恐怖故事，事發地經常在廁所、浴室，我到現在都還印象深刻。

在玩伴滿巷子跑的情形下，我跟姊姊幾次受邀去玩伴家慶祝生日，媽媽會幫我們準備一些小文具當禮物，而我們每次都會吃到又大又圓的生日蛋糕，真是開了眼界。

去了別人家，當然也需要回禮，在此機會下，我跟姊姊也分別邀請鄰居好友來家裡過生日。賓客最多的一次，爸爸、媽媽買了電影裡才有的雙層大蛋糕，在家裡一同唱生日快樂歌。僅此一次，但也因此更加難忘。

自此之後，即使不再邀請同學，點蠟燭、許願、吃蛋糕、送小禮物，逐漸成為家裡固定的慶生模式。翻開照片，我曾送給姊姊兩張楚留香貼紙、一支全新的鉛筆、自己畫的卡片，是正港的「禮輕情意重」。

再過幾年，我們家過父親節、母親節，也都會買蛋糕了。從金葉、紅葉、超群到順成蛋糕；從鮮奶油蛋糕到冰淇淋蛋糕；從水果布丁、黑森林、芋泥，吃到菠菜、栗子、玫瑰等創新口味。隨著家人食量的變化，蛋糕的尺寸從八吋、十吋縮小到六吋，蛋糕上的蠟燭也從數字、問號，到象徵性的一根蠟燭——年齡再也不重要了。

一年又一年，各式各樣的蛋糕不僅標示烘焙業的變化，更是我們的人生變化。媽媽的生日蠟燭永遠停在了七十二歲，但她的燭光，一直照亮著我們。

第五章

女兒的時代

小女兒的烤箱

我是家裡最小的女兒，所謂小女兒，就是家裡的撒嬌擔當。還懵懂無知時，若爸爸心情不佳，我總是被推出去撒嬌的那一位。儘管老爸平日秉持著嚴父風格，但仍在許多時候不吝表達對女兒的疼愛，特別是在我開始展現對烹飪的興趣時，爸爸可說全力支持。

自小看著媽媽在廚房忙碌，我對烹飪已有基本概念。國中時，家政課帶來另一種刺激，讓我想要變出一些媽媽平日不會做的食物，例如：餅乾、蛋糕，還有鳳梨酥。

國中家政課是我沉重課業沙漠中的甘泉。清楚記得，那門課的起點是縫紉，國一上學期的課程內容是製作一件粉紅色碎花圍裙。上課時，我總一邊縫圍裙，一邊跟同學聊天。縫好的圍裙在下學期烹飪課就會派上用場。之後的每學期約有四、五次烹飪課，每次上課前一週，老師會發放食譜並說明細節。翻開當年的食譜本，上頭密密麻麻，都是我當年做的筆記。

第一次的烹飪課，我們做「沙拉醬」，也就是美乃滋。作法相當簡單，只需要把油加入蛋、鹽、檸檬，再不斷攪拌成濃稠狀即成。這是我第一次知道，原來美乃滋的成分有九成都是沙拉油，難怪這麼滑順可口！而大豆油之所以叫「沙拉油」，就是因為大豆油沒有其他特殊味道，很適合做沙拉醬。

我們還曾做過戚風蛋糕、冰淇淋、鳳梨酥，及美味至極的蛋塔。鳳梨酥的酥皮相當成功，成品比起外頭麵包店的商品毫不遜色，比較有趣的是備料，因為老師竟要我們先去麵包店買「冬瓜醬」，我們這才驚訝地發現，原來從小喜歡的鳳梨酥裡竟然沒包鳳梨，包的是冬瓜！其實直到二〇〇〇年代，才開始有愈來愈多店家採用完全以鳳梨製餡、沒有冬瓜的鳳梨酥。

使用油鍋的菜餚也不少，螞蟻上樹、糖醋排骨等，皆是課程的一環。有一學期的期末考，我們必須從頭至尾獨立做出一道菜，為此我翻遍媽媽的食譜，絞盡腦汁，總覺得做簡單的日常菜太普通，最後決定要做一道不複雜的大菜：鳳尾明蝦。為了我的期末分數，媽媽義無反顧地幫忙張羅了幾條昂貴的明蝦，我還先在家試做了一次才正式上場接受試煉，最後獲得高分通過。如今想起來，這分數真不是普通的「高貴」。

我總期待著烹飪課的救贖。可以離開充滿考試氛圍的教室，上完課又有東西吃，多美好啊！而且課堂上做的，經常是當年平日不易吃到的食物，對十三、四歲的孩子來說，新奇極了，因此儘管家政老師凶巴巴、清潔廚房是件極累人的事，我們還是眼巴巴地盼望穿上圍裙、站在料理檯邊的時刻。

國中時期，在學校做了幾次餅乾蛋糕後，我實在興味盎然，好想在家裡也嘗試，但問題來了，當時家裡並沒有烤箱。

烤箱在臺灣家庭廚房裡的歷史，其實並不長。儘管較早與西方文化接觸的家庭很早就會吃烤製點心，清末擔任洋行買辦起家的李春生就是一例，他們家在大稻埕富甲一方，家族中很早就開始吃西餐、喝下午茶，在二十世紀上半，烤蘋果派、甜甜圈等西洋點心，也都在李家的餐桌上出現過，但這僅是特例，對一般家庭來說，烤箱仍不存在於臺灣的傳統廚房中。

二戰後，大同公司在一九六四年推出電烤箱，接著還有多家不同公司也推出類似商品，不過在一九六〇年代，一個烤箱的價錢約普通教師一半的月薪，普通人家實在是負擔不起。一九七〇年政府開放電烤箱等電器進口，包括微波爐等也逐漸進入臺灣家庭，這才稍稍普遍，但即使如此，根據一九八五年行政院主計處調查，家中有微波爐或烤箱的家庭，仍僅有少少的五．五四％。在我父親買烤箱的一九九〇年，家中有微波爐或烤箱的家戶比例，已增加到二十．三三％，換言之，每五個家庭中就有一家擁有烤箱或微波爐，雖說如此，仍比有汽車的比例三十．〇六％低。同一份調查顯示，當時有六．九三％的家庭有電腦，四十．四四％的家庭有果汁機。

總之，一九九〇年的我，非常渴望用烤箱烤點心。我先嘗試用電煎鍋烤蛋糕，將調好的麵糊倒入具不沾鍋塗層的電煎鍋加熱，第一次就成功了！雖然是很薄的一層蛋糕，但味道與我在學校家政課烤出來的一模一樣。而且，其他家人還在疑慮吃了是否會拉肚子時，爸爸就吃掉大半，給我很大的信心！

就這樣，某一天，爸爸竟帶回了一臺飛利浦的煎烤兩用烤箱，除了可以烤雞、烤蛋糕，烤箱的上層還可以另外加熱，當作煎盤使用。媽媽很驚訝，跟爸爸說：「太寵小孩了啦！」我在一旁歡欣雀躍，心裡甜滋滋。

這就是我們的第一臺烤箱，它後來足足在廚房裡屹立不搖了三十年才退役。

有了烤箱，我當然要大展身手一番。從最初克難地拿一把筷子打蛋，到好不容易陸續入手手動打蛋器、電動打蛋器、蛋糕模、派盤等，裝備齊全的我嘗試烤了蛋糕、蛋塔、餅乾。家政老師提供的食譜幫了大忙，自煮的卡士達醬比外面賣的好吃，而我的最高成就是母親節蛋糕——兩片戚風蛋糕中間夾層是自製卡士達醬搭配自製布丁、罐頭水蜜桃，外層鮮奶油也是自己打的，全程自製，成就感滿滿。不過，因為做一次就弄得人仰馬翻，母親節自製鮮奶油蛋糕也就這麼空前絕後的僅此一次，之後雖不曾再做，但讓我回味再三。

之所以會還在母親節使出渾身解數烤蛋糕，或許是我內心一直想跟媽媽證明吧。那個讓人念念不忘的鮮奶油蛋糕，是我以行動對母親說：「買烤箱，才不浪費錢呢！」

相較蛋糕，餅乾的成功率幾乎是百分之百。我烤過味道類似蘇格蘭 Walkers 餅乾的奶油餅乾，也烤過葡萄乾燕麥餅乾、花生餅乾，即便有時比例失調，不慎烤成軟餅乾，也還是很好吃。不過，餅乾類熱量驚人，且不管是成功還是失敗，製作的人都要負責吃完。此時我總找老爸一起吃，跟我分攤熱量，他十分捧場，從沒拒絕過我。

說起來，我不僅對烘焙感興趣，也對「西式食物」感到好奇。孩提時期接觸到的歐美進口食物，最記得的是即溶咖啡以及 crunchy 脆穀麥片。這類食物是來自親友餽贈，媽媽總收在廚房高處的櫃子內。總對新食物抱持熱烈好奇的我，會在爸媽外出時自己搬椅子拿下來偷嘗，即溶咖啡包很香但咖啡粒好苦，穀麥片則是完全沒吃過的食物，香甜無比，這些食物跟上家政課時做的餅乾、冰淇淋一樣，對我來說，就是「外國的味道」。

餅乾、蛋糕並不在臺灣傳統食物之列，烤箱也並非必備的廚具，但烤箱之於我，像是多出來的愛，給我滿滿的信心與樂趣。

早餐吃糜

好久沒有早餐在家吃「糜」了！

自小習慣在家吃早餐，除非假日，否則滿街早餐店皆與我無緣。這習慣是媽媽日復一日，每天早起準備早餐建立起來的，而幼時，有好幾年，我們家的早餐都是媽媽清早起來煮的「糜」。

「糜」是白米加水熬煮成的稀飯，不能過於軟爛，必須依然能見米粒形狀而入嘴又感糯口。要特別說明的是，我家的「糜」並非乾飯加水煮，也不是飯湯，更不是廣東粥，而是淘洗米後加水，在瓦斯爐上小火熬煮而成，是有著濃稠米湯的白粥。吃的時候，先舀好熱熱一碗，緩緩吹涼，再用湯匙挽上表層的米湯啜飲幾口，接著夾點媽媽準備的菜來配。

我家早餐搭配稀飯的菜料，必定有剛炒好的青菜、荷包蛋，再加上麵筋、筍絲、肉鬆或魚鬆，它們緩和了稀飯的燙，讓趕上學的我們能夠迅速吃完一碗。有時候趕時間，甚至能夠不太咀嚼就把糜全喝下肚，拎上同樣是媽媽早上起來做的便當，背起書包上學去。

早餐吃米飯曾是多數臺灣人的日常。

有時乾飯，有時稀飯，有時與地瓜同煮，有時搭配其他雜糧。稀飯易餓，如果有勞動需求通常會盡量吃乾飯。根據一份一九四二年的資料，客家人經常三餐都乾飯，閩南家庭則喜歡早餐吃稀飯，午、晚餐吃乾飯。不過，若是在米糧缺乏的地區，有時三餐都只吃混合了地瓜或雜糧的稀粥。由此視之，吃乾飯或稀飯，早上吃或晚上吃，沒有一定的標準，視每個家庭的狀況、喜好而定。

一大早吃乾飯，與勞動者的體力需求有關。一九九〇年代之前，不僅麵攤，不少自助餐店也會大清早就開始營業，是為做早起做工的人的生意，讓他們能吃飽再上工。如今觀之，或許會覺得：「一大早就吃油鹹，會不會太重口味？」但在幾十年前，為了補充足夠熱量，早餐吃重油重鹹的人可不少。

粥看似簡單，實則變化多端，除了白粥配菜，也可以在煮米時加入其他菜料、肉絲等，例如加芋頭、米豆、高麗菜等，煮成芋頭粥、米豆粥、高麗菜粥。媽媽雖然早餐常煮糜，但她不太喜歡加料的版本，唯一煮過的「加料糜」是甜的綠豆粥。夏天食欲不振，來點放涼後的綠豆粥正好，雖是當正餐，但就像在吃甜點，可以連吃上好幾碗也不膩。想來這也是媽媽為了讓我們多吃些飯而做的變化。

在文獻上看到最複雜的粥，是艋舺少女作家黃鳳姿在《民俗臺灣》中提到的「烏九糜」。因為臺灣民俗中在年齡上忌諱「九」這個數字，因此在二十九、三十九歲這一年的正月二十九日，會用馬薯（荸薺）、冬瓜、紅棗、柿餅、花生、果餅（以水果為原料製作的餅）、龍眼乾、蓮子等甜料加上米，共九種材料煮成甜粥分送鄰居，稱之為「過九」。

現在人們較少煮「烏九糜」了，同樣加入許多甜料的「八寶粥」倒是常見。媽媽在臘八時，也偶爾會應景地煮一鍋濃稠香甜的八寶粥，依稀記得她是以糯米、蓮子、紅豆、紫米、桂圓、花生熬煮。甜甜濃稠的粥，冬天吃上一碗，暖意自胃裡擴散，暖到腳底，直達頭頂。

菜肉豐盛的鹹粥如同一場宴會，相較之下，白粥就是一人份的獨酌。宴會熱鬧，獨酌靜心。以前總覺得白稀飯平凡無奇，配稀飯的菜料重要多了，因此經常是吃菜配稀飯。另外，有些食物是「早餐稀飯專屬」，配晚餐就覺得怪。例如海苔醬，跟甜甜的豆棗。

小時候一直覺得，海苔醬是種神奇的發明。一九七〇年代後期，臺灣曾有一家本土品牌「樂味海苔醬」，與日本進口的海苔醬抗衡。日本的海苔醬中，有種「椎茸海苔醬」，因為內含日本松茸，價格特別高貴。直到一九八〇年代，海苔醬仍維持小小一罐且不便宜的矜貴姿態，必須省省地吃。

除了海苔醬，現今常見的小包裝海苔，過去也是很貴的零食，通常在中元普渡或過年期間才有機會吃到。到底有多貴呢？一九八〇年六月，一百片裝的日本進口海苔是三百八十元，而當時一碗普通的陽春麵，要價不過二十元。因此，若有機會獲得小包裝味付海苔，即便非日本進口，比較便宜些，我們也是以雙手萬分珍惜地捧著，就連打開包裝的方法，以及每一片該怎麼吃，都須縝密規劃。

打開海苔包的方法，通常是將一包海苔置於左手掌，右手掌再奮力拍向左掌，發出很大一聲「啪」之後，檢視包裝是否已有小裂縫，再將之打開。一包裡共有五片海苔，先將第一片撕成小塊，一一送入嘴裡，第二片則對折起來吃，第三片用含的，慢慢感受，再來捲起第四片，最後一片就豪邁入口。一次吃一包很滿足，兩包則已是奢侈！

相較於小包裝海苔，我們幼年時更喜歡海苔的「惜福包」——一大包海苔的邊角，因為較為便宜，量又足，我們可以盡情地一把抓入口，還可以放在稀飯上堆成小山。這是過去的小小幸福，如今，卻好像沒再見過這樣的包裝了。

豆棗是另一種配稀飯的好料，小小條、紅褐色的豆棗，是將黃豆製成豆泥後加醬油，切小塊油炸，並加糖、芝麻等製成。單吃味道有點重，但甜甜鹹鹹的口味配稀飯甚為適合。甜香油潤，對小孩子來說更是絕佳零食，即使沒吃稀飯，我們也喜歡吃豆棗。

稀飯配簡單的家常菜餚本就是臺灣日常生活的一部分。除了早上吃，清粥早在一百多年前已是不少人的宵夜選擇。一九六〇年代，外食還不像現在那樣普遍，但商業活動已逐漸興盛，有歌廳秀、夜總會等夜間娛樂活動，不少應酬或較晚下班的人開始有在外吃宵夜的需求，供應宵夜的店家便應運而生。而既然是宵夜，半夜的腸肚往往偏好清淡些的食物，清粥小菜因此興起。一九六〇年代後期始，「清粥小菜」餐廳逐漸大行其道，連部分高級餐廳都會在夜晚販售。

到了一九九〇年代，早年的清粥小菜餐廳已成為有規模的臺菜餐廳。臺北東區興起，人車匯聚的復興南路成為知名的清粥小菜街。但也大概是從這時期起，我們家早餐已經很少吃糜了，取而代之的是麵包。

麵包店自一九七〇年代之後緩步擴展，到了一九九〇年代已經相當普遍，連我們小學裡供應學生訂購的「營養早餐」也是麵包跟牛奶。麵包便利的特性成為受歡迎的早餐選擇，媽媽們自此不需要再早起煮粥，而清粥小菜，成為許多人需要特別去餐廳消費的食物。

走過這些年歲，現在的我，已經懂得吃白粥了，不需任何調味，靜靜咀嚼，感受米飯的清甜，甚至更喜愛糙米煮的粥。即使無法早起煮粥，晚餐時來一碗白粥配點豆棗或海苔醬，也是好滋味。

二十年幸福便當

不同世代對於學校午餐有不同回憶，我的父母輩是中午回家吃飯，我這一代是帶便當，現在的國中小學孩子，則大多在學校吃「營養午餐」。「營養午餐」之名起於物資缺乏的一九五〇、一九六〇年代，是為了讓孩子們補充營養，在學校裡供應餐點。沒錯，學校午餐辦理的初衷，正是為了改善偏鄉學童的營養攝取。

時至物資豐裕、多數人無餓肚之虞的今日，孩子在學校用餐更為普遍，但目的可能不是為了營養，而是為了減輕父母備餐的負擔。現在的營養午餐也力求變化，例如安排「異國料理週」，此外孩子們也很喜歡珍珠奶茶、仙草甜湯、西米露等甜點，即使我們家這裡的小學按照規定只能供應溫熱的珍奶，孩子們也會喝得碗底朝天。

我沒有吃過「營養午餐」，因為臺北市在一九七七年停辦營養午餐，直到一九八七年才指定九所國小再試辦。在我就學期間，無論國中、國小都沒有供應，因此，平日午餐都仰賴媽媽的便當。從小學開始帶便當到高中畢業，算一算，媽媽為家中三個孩子們，做了二十年的便當。

二十年啊！跟許多那個年代的母親一樣，媽媽幾乎不曾埋怨，畢竟如果她不做，我們在學校要吃什麼呢？準備便當對媽媽來說，如同每天要煮飯、燒開水，及操持其他種種家務一樣自然。

曾經，媽媽會清晨起來備餐，做至少三樣菜，讓我們帶著仍有餘溫的便當上學，甚至不用蒸就直接吃。我們可以得意地跟同學說：「我媽早上起來做的啦！不用蒸！」畢竟蒸過的飯菜，就是有個蒸飯箱的怪味。

說到蒸飯箱，它是許多人共同的回憶，也曾有過幾次變化。

記得小學時，我們每天都需要「抬便當」。到校後，拿出各自的便當放入講臺上的大鐵箱，接著值日生會兩兩一組，負責把沉甸甸的便當鐵箱提到蒸飯室。中午吃飯時間，值日生得再到蒸飯室把自己班上的便當提回來。抬數十個裝得滿滿當當的便當，真的需要強大的臂力，但無論再矮小的孩子都會輪著做。有時真的太重、太燙，或不小心手滑，也會出些意外，曾有人的便當因此被摔出去，撒了一半的飯菜，幸好，同學們捐出些飯菜給他，補足了飯盒裡的空缺。

早起備餐畢竟太過辛苦，而且我們家每晚的菜都相當豐盛，因此一陣子後，媽媽決定不再清晨起來做便當，改成晚上多煮一些，我們則直接帶晚餐菜去學校吃。

如今回想，「帶便當」實在是個奢侈的儀式，我們會把四個橢圓的不鏽鋼便當盒一字排開，先鋪上一層白飯，等白飯降溫之後，再夾取自己喜歡的菜色，努力塞到便當裡。媽媽總是準備五樣以上的豐富菜色讓我們挑選，要如何才能夠納入每一樣菜，又極大化自己偏愛的品項，每每讓我絞盡腦汁。如果其中有特別愛吃的菜，我就會開始期待隔天中午快快到來，才能大快朵頤。

小學、中學時的午餐時光非常自由，同學們經常換位子，甚至搬動桌椅，跟好朋友們一起共餐八卦。印象深刻的是我的一位小學好友中午經常帶韭菜水餃，每當她打開便當，韭菜香撲鼻而來，香極了！因為不曾帶水餃便當，我非常羨慕這位朋友，終於有一天忍不住問她：我能不能分享妳的便當？結果好友睜大眼睛說：「拜託！我才想吃妳的便當好嗎？妳每次都帶超級多菜的！」於是我們講好，每天互換菜色。那陣子我們都好期待午餐時間，每天聚在一塊換換菜、交換小學生的八卦，真的好開心。當時可真是完全沒有想到，為了讓我們有這好吃的便當可以期待，媽媽每天到底要花多少心思。

媽媽的書櫃上有好幾本食譜，此外還有許許多多從報紙上剪下來的食譜剪報。她每天做這麼多菜，要避免重複、要健康美味，還要蒸了以後不會變黃、產生怪味，現在想來實在是折煞人。媽媽看很多食譜，也經常做「民調」，詢問我們這些「顧客」哪些菜蒸了後口感或滋味不佳，哪些菜反而蒸過後更入味。

因為要入蒸飯箱，便當內的食材特別需要精心挑選。葉菜類不宜多，因為一定會變黃且生菜汁，影響美味。花菜、茄子、不要太濕的高麗菜、白菜滷之類較為適合。

榨菜炒豆干、醬燒海帶結、滷油豆腐，也是我熱愛的便當菜。再高級一點，京都排骨、香煎里肌肉、滷小雞腿、蝦仁炒蛋也相當合宜。這些便當菜，是我的每日精神支柱。

到了國中，不再需要抬便當了，因為每間教室都配有便當箱，真的輕鬆不少，頓時也覺得自己「升級」了。但偶爾會發生忘記拿便當出來蒸，或值日生忘記按下便當箱開關的慘事。

國三那年，是我吃最多便當的時候，因為要留下來晚自習，得在學校吃午餐跟晚餐。許多同學以地理課本上的名詞戲稱我們是待在「加肥工廠」——一整天坐著念書以及進食，體重自然蒸蒸日上。

當時媽媽剛辭去工作，有更充裕的時間備菜、烹調，因此我的晚餐非常奢華，是當日晚上做好後立刻裝盒，由爸爸騎車親送的熱騰騰便當。而且，晚餐便當與中午的橢圓餐盒不同，是媽媽特別準備的圓形便當，總共有三層，一層是飯加幾樣菜，第二層放的是更多樣菜，最底部一層則裝了熱湯。

每日晚餐時刻，我總是衝到校門口等爸爸快遞現做晚餐，期待著便當裡的新鮮菜色。我的便當不用放進蒸飯箱，是與家人完全同步享用的新鮮特級美味，而正是這樣的餐點撫慰了我在學校晚自習苦讀的心情，副作用是體重當然創新高。

幸而，我的父母從不批評身材，在上大學之前，主流審美價值觀全然影響不到我，我也從不為體重困擾，總是能好好享受菜餚的美味。大學開始有瘦身的想法後，媽媽也常說：「妳哪裡胖？不要隨便減肥！健康就好！」

如今，小孩在學校有午餐可吃，的確減輕了不少父母的負擔。我唯一幫孩子準備午餐的機會只有校外教學時，做的是壽司便當。當然，這也是跟媽媽學的，只是媽媽做出來的壽司專業、精美，我做的很掉漆。想我小學時的校外教學，媽媽還曾做過鹽酥雞，給我帶去跟大家分享，連老師都羨慕。

有媽的孩子像個寶。對帶過媽媽愛心便當的孩子來說，便當，就是吃得到的幸福啊！

電鍋，鑰匙兒童的好朋友

你也當過「鑰匙兒童」嗎？

這個詞其實是舶來品，key children 或 latchkey kid 在一九五〇年代的北美，指的是爸媽整天在外，需要自己拿家裡鑰匙開門、自己做飯吃的兒童。雖然現在比較少聽到這個詞了，不過在臺灣，三十歲以上的人，可能都當過鑰匙兒童。

根據現行《兒童及少年福利與權益保障法》第五十一條，六歲以下或需要特別照顧的小朋友，不能獨自待在家裡，或由不適當的人照顧。例如，七、八歲的哥哥姊姊單獨在家照顧三、四歲的弟弟妹妹，就有違法疑慮。這個規定最早出現在一九九三年修正的《兒童福利法》第三十四條。在此之前，其實很多家庭都會讓小小孩自己待在家，或由比較大的孩子照顧。尤其過去的年代，一個家庭裡的孩子多，當爸媽都忙著工作，大孩子獨自背著小孩子在家做家事，其實十分常見。

曾在一篇婦女口述歷史中看到，一九五〇年代某家庭的父母需要到山上工作，因為帶著小孩上山危險又不方便，且沒有任何親戚可協助，便把寶寶綁在家裡的椅子上。中午，鄰家小姐姐放學，回家聽到哭聲，發現隔壁小弟弟在椅子上哭，很想救他下來，但家門卻鎖住了，實在無能為力，她只能在門外跟鄰居弟弟一起哭。

這段敘述讀來真令人心疼。好想穿越時空回到那個年代，一把抱起小弟弟，也哄一哄門外傷心的小姊姊。

許多人一聽到鑰匙兒童，直覺便想問：「媽媽怎麼不在家？」

「母親」常被認為是一個「應該在家裡」的角色。的確，我的母親婚前也曾有一份很好的工作，在銀行任職，但當時的社會氛圍讓女性一結婚就需要辭職，她們被期待在家裡扮演賢妻良母。母親相當盡責地承擔這個角色，但她其實一直很想出去工作，希望發揮自己才能，有份可以自由支配的薪水。

跟爸爸爭取了好久，終於，在當家庭主婦十一年後，媽媽有了重回職場的機會，雖然條件比不上前一份工作，是薪水尚可的公家機關約聘人員，但媽媽真的很開心。當然，我們家的情況隨之有了改變。還沒上幼稚園的弟弟白天送去給保母照顧，小學中年級的我跟姊姊，也開始了當鑰匙兒童的日子。

一條紅色的繩子尾端繫著家裡鑰匙，為避免遺失，通常會掛在小孩的脖子上。其實，把它當作項鍊，就會覺得還滿美的。一開始當鑰匙兒童時，我其實有點興奮，還特地秀鑰匙給好朋友看：「欸，你看，我跟你一樣有鑰匙了耶！」放學後走路回家，接近家門時，我會先按照媽媽的叮嚀左右張望一番，看看是否有怪人在附近，再迅速開門回家。

以我糊塗的個性，當然有好幾次忘記帶鑰匙的經驗。離爸爸、媽媽回家還有好幾個小時，也不可能去找他們幫忙。幸好，我們對門的好鄰居趙奶奶總是收留我們。「又忘記帶鑰匙啦？快進來！有綠豆湯，要不要喝？」在趙奶奶家喝綠豆湯時，我在溫馨的氛圍中分神擔憂，想著：又麻煩鄰居了，等會媽媽來接我們時，該會怎樣利眼伺候啊。

當鑰匙兒童的資歷稍長後，我開始承擔一些家務，也能為下課後肚子餓的自己張羅食物，或在媽媽下班回來前預做些準備。此時，最好用、最安全的烹飪家電，就是電鍋了。

臺灣幾乎每個家庭都有電鍋，可說是臺灣家庭中最常見、最好的廚房幫手，但這個深受倚賴的家電，其實遲至約一九六〇年代才開始在臺灣的廚房現蹤。一九六〇年代中期，臺灣大約只有四成家庭裡有電鍋，到了一九七〇年代末期，則增加至將近九成四。特別是電子鍋，要過了一九七〇年代中期才開始出現，且非常稀有。

每個年代廚房的風格、長相不同。阿嬤的廚房，或說一九六〇年代以前的廚房，常備有一口大灶、烘爐、一座四腳菜櫥，菜櫥的腳下則踏著有水的碗（以防螞蟻、蟲類）。大灶旁堆著生火的木柴、灶上彷彿還有白煙，飄出炊粿的香氣。

一九六〇年代，廚房開始電氣化，瓦斯爐、電鍋、電冰箱成為要角。電鍋源自日本，一九五五年東芝先推出「自動式電器釜」，臺灣永大電機工業社則在一九五八年推出「皇冠牌自動炊飯器」，如今大家熟知的大同公司，參戰則稍晚一些，於一九六〇年正式推出電鍋*。其實，同時期有很多公司都推出類似的電鍋商品，競爭相當激烈。大同公司也曾販售電鍋以外的產品，例如煮蛋器、電炒鍋等等。

從當時的廣告看來，這些小家電多被視為結婚的嫁妝或買給妻子的禮物，往往強調，電鍋讓妻子可以美美地煮飯，既不需要為了生火弄得灰頭土臉，也不用顧火避免燒焦，而且操作簡單，只需要插電、按開關，就連幼童也辦得到。「要美美的」還真是女性們需要承擔的另一個社會壓力。

不過的確，電鍋的出現可說大大改變了家庭裡的烹飪分工。被期待著要負責煮飯的媽媽們可以稍稍減輕負擔，不用再從生火開始煮飯。更重要的是，其他毫無手藝可言的家人也可幫上忙，例如我。

媽媽回歸職場後，每逢寒、暑假，我跟姊姊便得開啟安親班模式，在家裡照顧年幼的弟弟，幫爸媽省下保母費。

通常第一天，我們會盡責地準備「兒童快樂營」活動，唱歌、跳舞，讓弟弟玩得很開心，但第二天之後就進入電視育兒——我跟姊姊忙著看重播的《星星知我心》，弟弟則自己玩積木，只在必要時呼喚姊姊們（弟弟對不起！）。

大多時候，父親會在中午時分帶便當回來，順便看看小孩們是否安好，畢竟我曾不小心讓弟弟從床的上鋪以大怒神模式摔落到地板。有時爸爸忙，我們就會用電鍋加熱前一天的飯菜。雖然進行的不過是把菜放入電鍋、在外鍋放水、按下開關的簡單動作，但打開電鍋蓋聞到食物香氣，竟也有種莫名的成就感，覺得自己真厲害！

除了加熱這基本功能，電鍋還可以用來做菜。例如蒸蛋、蒸鱈魚或比目魚片，這

＊本篇參考書目：秦先玉（二〇一三）〈衍生物、舊東西與變種：臺灣間熱式電鍋炊煮系統，1950s-1970s〉，《科技、醫療與社會》第十七期，頁一二七—一八六。

兩樣菜即使小學生也會做。若媽媽先把肉解凍了，我們還會做粉蒸排骨、瓜仔肉，雖然比不上外頭賣的餐廳菜，但對小孩子來說一樣美味，而且重點在於——很難失敗。

小孩子是很需要成就感的，或說其實大人也是。電鍋不僅讓家庭烹飪者可以輕鬆一些，當年也大大提高了我這個小女孩對煮飯的興趣，從蛋到香菇雞湯，大抵什麼都可以蒸。

不過，會煮飯不代表會清潔廚具。記得有一天弟弟問已是大學生知識青年的我：「姊，電鍋要怎麼洗？」「哈哈哈！洗電鍋？你要洗電鍋？哈哈哈！」我竟然笑到在地上打滾，絲毫不給弟弟面子。沒想到，鬧笑話的其實是我，電鍋的外鍋、鍋蓋，在使用後也需要適度清潔，只要不弄濕電熱板、電熱管等部件，其實電鍋是可以洗的，而這一點我竟然是在荷蘭念書時，發現電鍋可以用來煮火鍋才知道。

同樣也是在結婚後有了自己的廚房我才明白，原來廚房的水槽不是自動永保如新，一樣需要有人勤勞地洗刷、清潔。而我的無知原來是因為家裡的電鍋、水槽、水管等清潔，都是母親大人在我沒注意的時候日日操作。自認是個貼心女兒的我，直到很晚才認知到其實媽媽每天有這麼多隱形家務需要做，過去的我竟然完全看不到。

我誠心向弟弟懺悔：「當年我不該笑你……原來電鍋可以洗……」

他看我一眼，淡淡地回道：「知道啊，媽早就告訴我了……」

無論如何，過去的廚房從電鍋開始邁向電氣化，現在還有氣炸鍋、微波爐、鬆餅機等等更豐富的新型家電妝點，另一種變化則是走向極簡廚房，連冰箱都很小，裡面只放飲料，因為一切靠外食或外送。

過去的鑰匙兒童，如今走向安親班。若再有小寶寶被單獨綁在家中椅子上哭，肯定會成為社會新聞。

社會的改變並非一夜之間，但它真的發生了。

愛心蛋

蛋，尤其雞蛋，無疑是最簡單好煮、親民美味的食材了。

我學會的第一道菜，及教女兒的第一道菜，都是煎蛋。蛋要煎得好，當然需要練習，而且有很多訣竅，例如：怎麼順利打蛋入鍋不使蛋殼誤入、油溫如何控制才不會沾鍋、怎樣翻面以保留軟嫩不破的蛋黃等等，但即便對上述這些都不夠熟練，以至於把荷包蛋做成炒蛋、焦味蛋，甚至吃到碎蛋殼，依然是能夠快速做好入口的一道菜。若只是要填肚子，用電鍋蒸一下做蒸蛋，更簡單。

蛋，無疑是最親人、最溫柔的食材之一。它是人們桌上常見的佳餚。不過一直到二十世紀前半，臺灣人最常吃、最熟悉的，其實是鴨蛋而非雞蛋。早在十七世紀，就有記載提到鴨隻在臺灣的養殖，鴨子的種類包括菜鴨、番鴨、土番鴨等等。尤其把鴨子養在水田裡，鴨子可以吃蟲，有利於水稻的生長，現在也有所謂「鴨間稻」，正是指有鴨子在田裡悠游、因而能少用藥，對環境友善的生態米。

隨著養鴨業盛行，也慢慢發展出養鴨專業戶。知名的「臺灣第一位皇帝」朱一貴，就是在高雄內門養鴨起家的鴨母王。至於北臺灣，淡水河流域的養鴨業也早在清代就已盛行。成群鴨子在淡水河中自在覓食，有蝦蟹可吃，孕育出關渡的鹹鴨蛋，到今天都還以會流油的「關渡紅仁鹹蛋」知名。

相較之下，雞蛋其實要到較晚期才開始盛行。很有趣的是，日治時期的常見宴席點心「雞蛋糕」，若追查當時的食譜，會發現經常是以鴨蛋製作。以鴨蛋來做「雞蛋糕」，現在可能會被說是標示不實，但這多少說明了當時鴨蛋比雞蛋容易取得的情形。反倒是現在，要買用鴨蛋製作的蛋糕，還比較不容易呢！

蛋是家中的常備品，而去雜貨店買蛋在我們家，是小孩子負責的差事。

一九八〇年代時，有冷氣的超市還不普及，一般人買雞蛋都是到萬能的雜貨店「柑仔店」（簳仔店）。柑仔店裡有各種食品罐頭、零食點心、生活用品，是鄰里的重要物資中心兼八卦消息流通站。店裡必定放置一大箱白色的蛋，讓客人自己挑選。那些蛋上或沾了些許雞毛、雞屎，或鋪在底層的米糠，蛋箱上則插個紙牌，標示今日的每斤蛋價。

小時候，我非常喜歡去買蛋，畢竟這是小朋友難得的自主購物機會，可以好好展現採購能力。每次接到媽媽「去買蛋」的指令，我們一定立刻出發。到了店裡，先拿袋子，再看看今日價錢，如果便宜就多買些，貴了就買少一點。買蛋是要一顆一顆精挑細選的，尖頭、蛋表面有點粗糙的最好，此外外殼要盡量乾淨，更不能拿到殼上已有裂縫的。有時，蛋箱裡也會有被捏破的蛋，一見立刻眉頭一皺、迅速避開，要特別留意，千萬別選到沾上被破蛋蛋液波及的無辜雞蛋。

如果剛好有其他人也來挑蛋，那就必須眼明手快，先把好蛋挑起來。約莫選了十來顆，就可以秤重、付錢，回家後立刻報告：「媽媽！今天一斤蛋××元。」總記得媽媽笑吟吟出來開門，快速瞄一下我們買回來的蛋，稱讚兩句：「嗯，挑得不錯！」最後，我們把蛋一一排入冰箱蛋架，這才算完成任務。媽媽的肯定對孩子來說真的好重要，我喜歡買蛋除了覺得自己掌握了食物的控制權，另一方面，還因為可以多看一些媽媽的笑容。

也曾發生過買蛋回家路上不小心跌倒，手上的蛋磕碰地面——慘了！立刻邊哭邊提回家。「媽媽……我跌倒……蛋都破了……嗚哇——」媽媽教我把沒破的蛋放冰箱，破掉的蛋則整理一下，蛋液收集起來立刻做蒸蛋。真想不到，把蛋打破的孩子還有蒸蛋可吃。

過去都市裡蛋的種類很少，幾乎都是白殼。紅殼蛋、放牧蛋等等，都是我成年後才出現的商品。對爸媽來說，他們小時候的蛋更是珍貴。中午便當如果有顆蛋，就已經足夠令人眉開眼笑。畢竟，一直到二戰結束初期，蛋並沒有那麼容易取得。雞蛋或鴨蛋主要來自家裡養的雞鴨們，是給家中經濟支柱或生病小孩的營養補給品。不少戰後初期的回憶錄都提到，平常帶的便當裡只有鹹菜，煎蛋則是難能可貴。一直要到一九七〇年代之後，蛋才開始成為容易吃到的日常食物。在比較容易取得之後，過去的醃漬物如菜脯、酸瓜等也開始加蛋，升級成菜脯蛋、酸瓜蛋等等蛋料理。

也因為早年蛋不像今日普遍，菜脯蛋往往是兩三顆蛋加較多的菜脯炒成碎蛋，今日餐廳裡多油、多蛋才能做出的烘蛋型菜脯蛋，是想也想不到的。我在訪問一位集團總裁時，他說自己童年時的菜脯蛋，必然是很多菜脯加上一顆蛋，眾菜脯們能沾到些許蛋液，有個氣味就不錯了！雞蛋容易取得後，家庭餐桌的風景也為之一變，例如媽媽做的菜脯蛋，就通常用三到四顆蛋，搭配手切的適量菜脯。上桌時已是一片一片方便夾食，入口是恰恰好的蛋香，不油膩也不過鹹。

除了菜脯蛋，媽媽還喜歡把蛋與多種蔬菜共炒同煎，例如番茄炒蛋、洋蔥炒蛋、紅蘿蔔炒蛋、絲瓜炒蛋，每樣都百吃不膩。畢竟雞蛋便宜、營養又百搭，若與蔬菜同烹煮，蛋白質、纖維質、油脂類俱全，簡直是完整的小宇宙。

關於蛋的運用，除了烹飪，多年前還曾經流行過一個解毒法：熱熱的濃牛奶沖顆生雞蛋，一口喝下，不僅有營養，還能解毒，我也試過幾次。在醫療知識還不是相當發達，沒有健保、看醫生不容易的年代，家家戶戶都會使用一些民間療法，甚至有出版彙整這些民間療法的家庭健康手冊。其中之一，就是在吃到「不好的東西」或食物中毒時吃生雞蛋，或以牛奶沖生雞蛋的飲料來解毒。

在一九九〇年代之前，鮮乳並不普遍，但牛奶又被認為有很高的營養價值，因此許多家庭都備有大罐奶粉，不但方便沖泡，也可自定濃淡。雙倍濃的奶粉以滾水沖泡，同時打入一顆蛋，也是快速補充營養的方法。因為奶粉的甜味，蛋在杯中形成小小的甜蛋花，味道很不錯。

媽媽還會在早餐麥片裡加蛋。小陶鍋裡加入快煮大麥片、雞蛋、葡萄乾，跟幾匙奶粉，快速煮沸，偶爾加點蜂蜜。這道早餐有甜甜的奶香，熱熱吃暖胃，冷冷吃像吃米布丁，而且外頭吃不到，非得自己煮。是媽媽為我們準備的快速營養早餐。

其實，到了一九八〇年代後期，雞蛋的產量已經遠比鴨蛋多，也很容易吃到了。媽媽的蛋料理更為豐富，滷蛋、白煮蛋蘸鹽吃、蒸蛋、蛋花湯，每種我都很喜歡。有趣的是，此時期的各種早餐也幾乎都加蛋。從飯糰夾蛋、饅頭夾蛋、蛋餅，到各種加煎蛋或蛋皮的三明治。一九八四年進軍臺灣市場的麥當勞，在一九八七年推出的早餐就主打「蛋堡」，對一九四〇、一九五〇年代出生的這一輩而言，過去不容易吃到的蛋，現在卻什麼都要來一顆，儼然已變成熟悉的日常風景。

多年後，我自己下廚，也喜歡做蛋料理。醬油蛋、菜脯蛋、絲瓜蛋……什麼蔬菜都可以炒蛋，可惜的是先生不喜歡我炒蔬菜加蛋的習慣，總是說：「怎麼炒什麼都要加蛋？」他不懂，那是承襲自我母親的作法，而加入的那一顆蛋，早就不僅是蛋了。

鄉愁肉羹

每個臺灣人，都有自己認定的臺灣味。

對我來說，肉羹絕對是其中一味，還真沒有在其他地方吃過同樣的味道。濃郁鹹香、帶著胡椒的辛香、烏醋的酸與淡淡的甜，精選的赤肉裹著軟嫩魚漿，肉條本身又有一點嚼勁，這是高級餐廳不會出現的菜色，卻是令我最魂牽夢縈的一道菜。

曾到遙遠的親戚家學鋼琴，通車要轉乘兩次，時長近兩小時。第二趟轉車時，須坐九路公車，站牌後方有間鐵皮屋麵攤，總在我們等車時陣陣飄香，而其中最挑動鼻尖的味道，就是肉羹香。九路公車當時班次不多，我們總得在炎熱的天氣下等啊等啊等，等車之際我經常神遊，至於公車來了沒，由媽媽負責看就好。我最常做的，就是盯著麵攤強忍口中唾液，即使個子實在太矮看不清楚店中實況，但嗅覺是擋不住的，氤氳的香氣猛地襲來，真想入店去嘗嘗那香氣的源頭。只可惜一來我家很少外食，二來當時是等車途中，根本不可能停下腳步吃碗麵，我總是僅能搧動鼻翼猛然一吸，帶著滿鼻腔的肉羹香擠上姍姍來遲的公車。

當年我等車之處，興許是涼州重慶路口或保安街口，那兒接近大橋頭、迪化街，一百年前就是庶民美食的集中地，至今仍有許多老攤，也難怪當時五、六歲的我被繚繞的香氣震懾，念念不忘。儘管鐵皮屋已在幾十年前拆除，我也實在找不到那家店的痕跡，但無法親炙的鹹香已盤桓我腦海，從此不去。

或許是我們想吃肉羹的想望太強烈，感應到的媽媽自製起了肉羹。我聞香而至，知道錯不了，這就是記憶中的味道，再吃上一口，想像中的美好滋味便在口中迸發。

肉羹的誕生，不像外表看起來那麼簡單。母親做了這道菜後我才知道，小小一碗肉羹不但製程繁瑣，且須耗費大量時間，對體力來說更是一大挑戰。

首先是準備豬肉。媽媽採用小里肌，將之切條並以米酒、醬油、糖、胡椒鹽、五香粉醃製，入味後，再撒上地瓜粉或太白粉拌勻，放入滾水中川燙至六分熟。另外還要熬高湯，以事先請市場攤販預留的大骨或雞骨架熬製，小火烹煮的同時，切細筍絲、紅蘿蔔絲、香菇絲、木耳絲、柴魚片，以此構成滋味紛陳的湯底，再加入半熟的肉條，最後則是羹湯的靈魂——勾芡，母親奢侈地選用蓮藕粉水，再打顆蛋，並以醬油、鹽、烏醋、香油調味，撒些香菜，大功告成。

煮肉羹不可能揮灑即就，因為光是備料就必須花上大把時間，從叮囑市場老闆留下好貨開始，就要提前鋪陳、細細思考。而且多種菜料都需要切成細絲，絕對是練刀工的好機會。

既然這麼麻煩，有誰會願意花上大把時間熬煮這外面就買得到的肉羹呢？是媽媽。她不辭辛勞地買菜備料，大熱天在火爐一般的廚房裡忙碌，就為了滿足孩子們想吃的心。不過對忙碌的主婦而言，這道佳餚著實太費力費時，一年做個兩三次就已人仰馬翻，也因此，肉羹在我家有著相當特殊的地位。

那是還沒有多元升學的年代，我的高中、大學兩次聯考午餐都指定要吃媽媽親手做的肉羹。上午，我在考場裡寫考卷的同時，媽媽在家中烹煮，想必兩人都揮汗如雨吧，但我總是邊寫邊期待午時的美味，一點也不覺辛苦。午餐時刻到來，爸爸準時快遞，從家裡餐桌直送考場。為了肉羹，我甚至暗自期待著下回大考的到來，因為到時又可以向媽媽提出吃肉羹的請求了。

羹湯類在臺灣菜中其實頗為常見，許多菜都有「牽羹」這個步驟。

一九一二年出版的《臺灣料理之琹》中，作者林久三將臺灣料理的烹飪手法分為湯、羹、炒、煎、蒸、煠等六大類別，從「羹」被獨立出來一類這點看來，勾芡而成的羹確實是臺灣料理的一大特色，但為什麼臺灣菜經常出現勾芡呢？

勾芡菜餚一方面與熱食有關。尤其在辦桌、宴客時，師傅必須煮大量菜餚，而臺灣人非常喜愛熱食，要保持菜的熱度，勾芡便是個好方法，再加上臺灣盛產地瓜，地瓜粉更是可以充分運用的好材料。辦桌菜幾乎都會有羹湯類，由來如此。常見的

（偽）魚翅羹、海鮮羹、蝦仁羹，原本是宴客或節慶的食物，後來演變成簡化版並在街頭販售，就是香菇肉羹、魷魚羹等等小吃。

另一方面，勾芡菜餚也與必須吃飽有關。加入澱粉勾芡後的菜餚熱量提高，同時也可增加飽足感，過去在物資不豐的年代，要吃得飽可不容易，羹湯類能帶來身體上更大的滿足。

翻查史料，一百年前最會寫食記的新竹文人黃旺成果然有紀錄。一八八八年出生於新竹的黃旺成曾擔任公學校教師（小學老師）、開過商店、當過家庭教師兼祕書，日治時期他參與了自治運動，戰後曾任臺灣省參議員，最後在新竹縣文獻會任職，一九七八年過世。黃旺成的一生豐富精彩，來往於新竹、臺中、臺北等地。最重要的是，他不但勤寫日記，留下橫跨兩個政權的珍貴紀錄，更在日記中記下每日所食。他的食記對飲食文化研究者來說，無異是重要的珍寶。

從日記中可看到，黃旺成除了經常吃炊粉，也吃過不少次肉羹。例如，他在一九一四年二月二十二日寫到，下午阿公從店裡帶赤肉、麵線等回家，晚餐就吃肉羹。推測他們應是把下午帶回的赤肉製成肉羹來吃，不過可能因為分量不足，當日後來又追加了宵夜「肉豆籤」。豆籤（豆簽）是以米豆製成的麵食，加點肉片就是不錯的點心。

肉羹要成為一份主食，經常搭配黃色的大麵。這加了鹼的大麵正是臺灣的傳統麵條，與肉羹同煮，飽滿的麵體黏附著柴魚、筍絲、香菇絲等，浸泡在充滿香氣的羹湯裡，尤其相襯。在外面的店家吃肉羹，通常可以選單純肉羹或肉羹麵。我們在家裡則多是直接吃肉羹，不另外煮麵，可以一碗接一碗。

算算，應該有二十幾年沒吃到媽媽煮的肉羹了。也曾想過自己煮一鍋，但我真的沒有勇氣，怕煮出來的味道讓人失望，使美好的記憶幻滅。更擔心，在備料切絲時，就止不住眼淚。

就這樣，肉羹承載著媽媽甜而不膩的愛，成為了我永遠的鄉愁。

雖然我並未離開故鄉，但那個洋溢著肉羹香的餐桌，我是再也找不到了。

留學生鮭魚頭

二〇〇五年，我辭去工作留學荷蘭。第一年沒有獎學金，一切倚靠自己工作攢下的存款，幸好免繳學費。然而因為沒有收入，又不知要多久才能取得博士學位，因此決定一切從簡，展開省錢大作戰。

省錢這事我並不陌生，自小的家庭教育，養成了我不隨便花錢、錢要用在真正需要之處的習慣。也幸好，荷蘭在歐洲並不算生活開銷太貴的國家，留學生活中最耗金源的住宿費，我找了非市區的小房間，一個月僅要兩百六十歐元，即便當時歐元對臺幣匯率達到四十三左右，也還算便宜。之後幾年間，因往返臺灣、荷蘭，換過數次住宿處，但我多找設備簡單的學生房，每月房租不曾超過三百五十歐。如果要租一層公寓，可能要價七百歐以上，必須是有領薪水或獎學金的博士生或博士後才能夠負擔。不過在二〇二四年，學生住宿早已水漲船高，最便宜的房間似乎也要一個月四百五十歐元以上，幾乎已是二十年前的兩倍。

荷蘭的學生住宿有很多種形式，學校宿舍基本上外包給SSH公司管理，且數量十分有限。許多學生必須找城市裡散落的一棟棟 student house 來居住。每棟 student house 有數個到二十幾個小房間，每位學生都是一人一間房，但有公共廚房與起居室。一棟 house 就像個小社區，我住過一棟住宿生全女性的 house，必須先加入某姐妹會形式的社團才能住在這裡，因此有很多共同活動。其他的 house 大多是男女混住，如果有人畢業空出房間，想入住的學生需要參加 house 的面試（Hospiteren），由已經住在這裡的學生共同決定新室友，非常刺激，也很考驗學生的社交能力。看起來好相處、有趣、注重整潔的人，比較容易獲選，成為大家的新室友。

又因為荷蘭學生經常有海外實習的活動，若一個月以上不在荷蘭，會把房間再租出去節省房租。我因為田野調查在臺灣、荷蘭之間來回，住的大多是這種短期出租房間，因此不需要經過面試，也較為便宜。

解決了住宿費，其次要考量的就是吃飯費用了。歐洲外食費相當高昂，省錢的唯一方法就是自己煮，荷蘭學生也是如此。他們喜歡在公用廚房一起煮食、聊天，分享不同的食物，這點對當地大學生的社交相當重要，幾乎每個人都會烹飪，而擅長烹調的同學也受大家歡迎。若不想煮飯，荷蘭大學生最常吃的就是冷凍 pizza、義大利麵、三明治。

既然有廚房，那就好辦了。我雖然帶了號稱臺灣留學生都會帶的電鍋，還特別買了歐規以配合荷蘭的電壓，但實際上幾年下來，請電鍋出馬的次數不到十次。我最常煮的是什錦麵，只要一口小鍋，什麼菜色、配料、口味都隨自己意願加，從開始煮、吃完到清潔不用半小時。有時發懶，會直接切一大條超市最便宜的黃瓜，搭配折合臺幣不用三十元的 mozzarella cheese，如此也成一餐，根本不用開火。在荷蘭時，吃 mozzarella cheese 簡直就像在臺灣吃豆腐一樣，營養、好吃又不貴。

雖然平時吃得極其簡樸，但因我研究的主題是臺灣菜，文獻及各種研究材料上有相當豐富的菜餚照片，每每望研究資料興嘆，就當望梅止渴吧！幸好我還有些熱愛美食的臺灣朋友，在不定期的聚會中也有機會做做菜、吃到各種口味的復刻家鄉味：南部鹹粥、各式滷味、麻辣鍋，偶爾嘗嘗這些我便足矣。有一回，厲害的學姐特地採買生蠔，用來製作蚵仔煎，相較於我總是買冷凍綜合海鮮包製作海鮮煎，這新鮮高檔蚵仔煎實在尊爵不凡，我因思鄉而疲弱不振的味蕾，也跟著治好大半。

在荷蘭待了些日子，一切上了軌道，我大力邀請爸爸媽媽來看我。自然，儼然在地代表的我要盡盡地主之誼，但真不知道自己當時想什麼，竟把「省錢模式」也用在爸媽身上了。

說好由我招待爸媽，但延續節儉的習慣，我招待爸媽吃的第一頓晚餐，竟然是自己烤的鮭魚骨。

鮭魚頭、鮭魚骨在臺灣超市的售價可能稍貴，但在荷蘭的露天市場實在便宜平價。二〇〇五年時，一個鮭魚頭是〇．五歐，約二十元臺幣，因為歐洲人吃的是整片鮭魚肉，魚頭大概只有亞洲人會去買。除了魚頭，還有刮去大多數魚肉的魚骨，對於擅啃各種雞爪、雞骨頭，且會把整條魚吃到見骨的臺灣人來說，這魚骨實在是好啃又肉多！

在臺灣同學「食好鬥相報」之下，我也到露天市場買了好幾次。魚骨抹上超市販售的印尼辣醬 sambal，放入烤箱略烤，製成鹹香烤魚就是一道佳餚，如果能在亞洲超市買到日本味噌跟豆腐，還可以煮魚頭湯。想著這是荷蘭留學生的特色餐，我於是把這當作招待爸媽的菜。再搭配炒青菜、雞湯，就這樣，我張羅了一桌，在住宿處跟他們一同享用。

如今想來，這桌「留學生招待」實在寒酸。爸媽千里迢迢搭長途飛機來看我，我非但沒有請他們到荷蘭知名的印尼餐廳、咖啡館，或其他高級餐廳用餐，竟然還請爸媽吃魚骨頭，這像話嗎？

爸和媽一點微詞也沒有。好幾年後，我自己幡然醒悟，向媽媽懺悔，她竟說：

「這樣很好啊，本來就是要吃當地特別的東西！鮭魚骨在荷蘭便宜，那就吃這個，很好！」我聽了，眼淚直滴。媽媽對我們，就是這樣無限包容。鮭魚其實是我們家餐桌上滿常見的魚，母親會做味噌烤魚或香煎，如果第一餐沒吃完，就將魚肉剔下做炒飯。或許對她來說，鮭魚頭、鮭魚骨雖稱不上美味，但也許是可以感受到女兒節儉與分享的心意吧。

我畢業那年，爸媽再次來荷蘭。招待來參加畢業典禮的他們，讓我有機會兼顧地方風味與美食，彌補上次的欠缺考量。我們好好地逛了露天市場、吃百貨餐廳的地中海風味沙拉吧，再到印尼餐廳品嘗印尼菜，說說荷蘭殖民印尼兩百多年的歷史，也到運河邊的露天咖啡座喝啤酒，享用荷蘭炸肉丸（bitterballen）。再去學校餐廳，喝最後一次我最愛的白花椰濃湯、吃包了麵條的可樂餅及豐富的沙拉，並且跟總是一邊唱歌一邊清潔碗盤的老伯道別，讓媽媽知道我在國外吃得很好，也過得很好。

當時最昂貴的一餐法國菜，是畢業口試結束後宴請師長、好友，從八點一路吃到半夜十一點。短短幾天，爸媽見過我的老師、好友、房東，而在這頓 Fine Dining 宴席後，我的留學生涯也正式結束。

剛回臺灣的那段時間，我總在超市尋找在荷蘭平價又常吃的鮭魚頭、鮭魚骨、mozzarella 與豪達起司（gouda cheese）、焦糖煎餅（stroopwafel）。我想，我懷念的未必是這些食物，而是在異鄉孤獨努力，也非常自由的自己。回臺後，我不曾復刻那道留學生的鮭魚頭、鮭魚骨料理，但每回想起當年那道簡陋的烤鮭魚頭，就會想起媽媽，想起她一直以來，是多麼溫柔地包容、支持我。

跟媽媽自助旅行

媽媽曾有一個夢。她想背起行囊，到很多地方去旅行。幾十年或一百多年前，可能很多荳蔻少女都曾想過這件事，想要到很遠的地方走走看看，但這在過去的年代，真是難如登天。二十世紀上半，曾長途旅行、行走世界的臺灣女性屈指可數。馬偕牧師（就是馬偕醫院紀念的那一位）的夫人張聰明是第一位進行環球之旅的臺灣女性，她原本是童養媳，跟馬偕結婚後，因為宣教的關係，曾到加拿大、美國、歐洲等地旅行。

在日治時期，也有極少數女性能從事旅行活動，如臺中名紳蔡蓮舫的四夫人廖貴，就經常到上海等地旅遊；臺中名紳林獻堂的女兒林關關及臺南高長家族的高慈美，也自小赴日留學，高慈美日後成為臺灣第一位女性鋼琴教授。不過，這些例子可說是鳳毛麟角。即使到了一九六〇、一九七〇年代，出國好像變得容易一些了，但其實有機會出國門的人仍少，要不然，作家三毛的撒哈拉流浪故事就不會這麼獨特而吸引人了。三毛早在一九六七年就到西班牙留學，之後又到德國、美國念書，在撒哈拉沙漠結婚。媽媽的書架上，也有一本三毛的《撒哈拉的故事》。

如同絕大多數該年代的臺灣女性，母親即使曾對國外旅行有一些嚮往，生命軌跡仍是念書、嫁人，當妻子、媳婦跟母親，出國的夢只能塵封。

有趣的是，一九九〇年代之後，不僅出國容易許多，女性甚至逐漸變成出國人口的主流。根據內政部出入境人數統計，在二〇一五至二〇一九年間，出境的女性人數多於男性。之後雖因疫情有些中斷，不過到了二〇二三年，臺灣出國的人口中女性又占多數，達到五十三％。

一九九七年，我第一次自助旅行，就是跟好友到歐洲四十五天。背著在「登山友」買的巨大包包，搭火車臥鋪列車，沿途吃超市吐司果腹，走遍德、法、瑞、奧四國所花的旅費不到十萬。當年沒有手機，若想使用網路，必須去當地的網咖，出國數週彷彿與世隔絕。一到歐洲，剛下飛機就必須先買張國際電話卡打電話回家報平安，之後每隔幾天打一次，直到返抵臺灣，才算真正回到人間。

多年後我自己當了媽，看著寶寶常常想：「天啊！爸媽當年怎會放心讓我在通訊不便的情況下，飛到國外趴趴走？」那時一飛出去，出了國境幾乎就是失聯狀態。若換作我，一定千百萬個不放心，甚至要買張機票同行。很多年後媽媽告訴我，是她說服了爸爸，鼓勵我走出去。儘管心裡擔憂，且若我在國外發生什麼事一定是她要負責，但她仍希望我能出國看看。

我相信，願意放手讓女兒先出去飛的媽媽，心裡必定有一個好想出國旅行的自己。

很多年過去，我們這些孩子長大了，也終於有了帶媽媽出國的機會。

第一次帶媽媽自助旅行，是去德國與荷蘭。那時想去荷蘭留學的念頭已在我心裡萌芽，正在努力存學費。趁著荷蘭鬱金香花季剛開始，我找了個工作空檔排假，帶媽媽出國走走看看。我們的行程短短十天，從荷蘭阿姆斯特丹、庫肯霍夫花園（keukenhof），到靠海小漁村Edam、Marken、羊角村，再到德國不來梅（Bremen）及柏林。不過沒料到四月初的荷蘭竟如臺北嚴冬之寒冷，薄薄外套根本擋不住寒風，我在荷蘭的小漁村瑟瑟發抖，幸而媽媽怕冷，總是帶著充足的外套與厚衣，還能借給「愛美不怕流鼻水」的傻女兒。

其實，跟媽媽出門，呈現「忘記帶東西」的狀態實屬正常，因為媽媽幾乎什麼都有。舉凡衛生紙、筆、白紙、雨具、各種藥，只要問句：「媽，妳有帶××嗎？」一伸出手，這些「沒帶到但突然急需」的東西就會自動送上來。媽媽是我的靠山，是我的小叮噹（哆啦A夢），無論在心理或物質上，都是。

一起旅行，吵架也是正常的。作為一位帶媽媽出遊的女兒，想展示獨立自主的氣魄與旅行能手形象的意念強烈，然而，總是會有些沒算好或意料外的突發狀況，影響旅途的順暢度，接著，女兒本人因自己旅遊達人形象受損而氣惱，又將之發洩在唯一的旅伴——老媽身上。反正，媽媽對我來說，就是一個無論怎麼對她發脾氣，都無比包容的天使（媽，對不起）。

到了旅行後段，來到柏林，我這個大路痴因為某次迷路又發了脾氣。媽媽牽起我的手，說：「好，小箴，現在換我帶妳走了。之前都是妳帶路，現在換媽媽照顧妳。」一人在歐洲，聽到不諳英語的媽媽這樣說，我立刻落淚，接著真的把自己交給媽媽，由她帶路，慢慢找到要去的地方。

牢牢與媽媽手牽手的我，彷彿回到了小時候，帶長輩旅行的壓力頓時釋放。我知道，就算自己不是成功的好導遊，媽媽仍愛我。

一路上，我們共享好多獨特的經驗。不特別追逐流行景點或美食，我們隨遇而安，如此，處處都是驚喜。

在鬱金香花園，即使天氣濕冷，很多花尚未綻放，愛花的媽媽仍笑得燦爛，享受偶然出現的一抹陽光。在羊角村住一晚，豐盛的民宿早餐讓媽媽很驚訝。「這麼多起司、火腿、果醬、麵包，全部都是給我們的嗎？」她瞪大眼睛，驚喜萬分，讓我好得意。在柏林的路上，我們吃了咖哩香腸；在荷蘭，品嘗好多種類的起司，媽媽也用當地人的吃法，捏著魚尾仰頭吃生鯡魚（haring）。

除了美景、美食，也有些特殊的身體感經驗。在柏林民宿時，媽媽十分不安、無法入眠，雖然我睡得很好，還是立刻帶媽媽換了旅館。後來參觀猶太博物館，媽媽再度渾身不對勁，當下我非常擔心與自責。為什麼要訂那間小民宿，為什麼要帶媽媽接觸這些歷史的傷痕呢？遇到好兄弟，在臺灣或許可以去收驚、請人作法，但在歐洲，碰上這樣語言也難溝通的事，要怎麼辦才好？所幸，在離開民宿與博物館後，媽媽的身體就恢復如常了。重要的是，儘管身體不適，媽媽不曾怪我，不想讓我更緊張或沮喪，我真幸運，有媽媽當我最好的旅伴。

最後要回臺灣時，我們兩個「早到型人」不意外地很早就抵達機場，因為距離起飛還有好長時間，便一起坐在柏林機場裡看了好久來來往往的旅客。有的是全家出遊，更多的是獨自出發。與家人揮淚抱別、與情人深吻難捨；有的歡笑、有的淚目、有的漠然。即使我們已在歐洲待了十天，年輕時便喜歡看美國電影的媽媽仍盯著機場裡的人群，驚嘆著：「好多外國人，我好像在電影裡面喔！」

我清楚記得，她的臉上有光，就像個小女孩一樣。

我想念媽媽臉上的光，一如想念在一起的每分每秒。

跋 好想再煮飯給媽媽吃

母親中年以後長期有乾燥症、眩暈、血液循環差、呼吸系統及消化道的病症，各種小症頭通常不會同時發作，但像針刺般循環出現。綿綿細細的攻擊，讓人失去警戒。很晚才發現，原來背後是一種罕見的免疫系統疾病。在 COVID-19 疫情第三級警戒期間，多數人躲避在家、遠離醫院，我們家人卻須在嚴格規範下，爭取到醫院陪伴媽媽的機會。終究，那場道別世界的儀式，僅有少數親友參加。這本書，像是媽媽一場遲來的道別。

母女之間總有許多故事可說，幼時的親密與規訓，少年時的緊繃與抗衡，及至成人，是更複雜的情感交織。而這許多親密與衝突，或表現在廚房與餐桌上，或成為某種身體記憶。

早上起來，我幫孩子們洗杯子、裝溫水，等孩子稍後起床時立刻可以喝。洗杯子的那刻我體悟到，這正是母親日復一日、年復一年幫我們做的事，重複不知千百次。

吃完晚餐，孩子們洗碗、擦桌子後回到房間，但接著我還會花費二十分鐘，整理餐盤、洗電鍋、清理水槽，做許多廚房的善後工作。而這也是媽媽過去幾十年的日常，但我竟一直視而不見。

結婚後好幾年間，只要回家，我像很多女兒一樣，幸福地只是坐著，等媽媽準備一桌菜。平日這麼累了，回自己家就是要耍廢、當女兒賊，不是嗎？

記得我剛生第二胎的那晚，先生回家照顧老大，我其實可以自己一個人在醫院過夜的，但當時覺得好脆弱好害怕，只想要媽媽陪在我身邊。媽媽真的陪了我一夜，卻幾乎無眠，讓我愧疚至今。

似乎一直到媽媽明顯的身體轉差，沒力氣下廚了，我才開始在回家時煮飯給父母吃。

每端出一道菜，媽媽就會像我以前吃她的菜一樣，先來趁熱試吃。
「午仔魚好吃耶！我女兒真會煮！」
「雞湯太鹹了一點，妳忘記老菜脯本來就會鹹喔？下次記得不要另外加鹽。」
「這個肉太油了啦！但妳爸爸會喜歡。」
媽媽每一次的點評與肯定，都是我想收藏的珍珠，開始想著下週要煮什麼給爸媽吃，思量煮蚵仔湯要多久才不會把蚵仔煮小了；煩惱要用什麼高湯或食材，讓因生病而胃口奇差的媽媽可以多吃幾口，多攝取點熱量。
從享用媽媽的一桌好菜，到煮幾道她喜歡的菜，最後還是，到了母親什麼都無法吃的那一天。
我真的好想好想，好想，再煮飯給媽媽吃。
高中時在母親節學校海報上看到一句話：「媽媽，把青春給了我們，把皺紋留給自己。」雖然有點老掉牙，但每每看到母親年輕時無比亮麗、像明星一樣的照片，我經常想到這句話。

我同樣喜歡另一張照片，是媽媽剛煮好一桌菜，穿著圍裙、頭髮還沾著汗水時被我們捕捉的。手扠著腰站在餐桌旁，她露出疲憊但滿意的微笑，即使未施脂粉，也跟花樣年華時的母親一樣美。

讀到這裡，若還來得及，學點媽媽或爸爸的菜，下廚做給父母吃吧！媽媽教我下廚，用她的廚藝滋養我們，讓我保有對食物及其情感的熱愛，這些是她留給我，最好的禮物。

特別收錄

我們的媽媽

〔作者的話〕——

媽媽是桶箍，把一家人聚攏在一起。儘管家庭成員個性迥異、各有各的脾氣，但媽媽是核心，只要有媽媽在的場合，我家就笑語不斷。

手足的意義之一，就是擁有許多對父母的共同回憶。在本書下筆過程中，除了父親擔任主要顧問，我也經常詢問姊姊、弟弟，確認細節：「媽媽最愛吃的，當然是バター」、「一定要寫肉羹喔」、「好想念媽媽做的烏魚」，然後也一起掉淚。因此，特別收錄兩位手足對媽媽菜餚的書寫，紀念我們共同的媽媽。

阿母的食譜

陳逸帆

◆主菜：白切肉與紅燒烏魚

我自小就是不折不扣的肉食主義者，母親為了照顧我的喜好，擅長各式各樣的肉料理，其中我最喜歡，出現頻率也最高的，就是白切肉。

這道菜餚幾乎可說是樸實無華的代表，蒜泥白肉、三層肉，甚至是嘴邊肉、肝連等，也都寓有相同的妙處（當然，這只是一介食客的不精準觀點，學術討論還是留給我姊姊吧），其料理方式大略可歸納為以下三步：

第一步：找塊豬肉。

第二步：把肉弄熟。

第三步：將肉切片，上佐料。

不同於牛肉有著十分精細的部位構造圖，豬肉的分類其實有些寬泛，尤其在傳統市場裡，同樣是「排骨」，有些拿去熬湯之後仍然肉汁飽滿，有些卻「捨己為湯」，口感乾澀而不復鮮嫩，著實令人困惑不已。

母親在出嫁以前，是「飯來伸手」的大小姐，可能吃過豬肉也見過豬跑，但大概不太能理解那些已經拆分成不同部位的豬肉分別對應什麼部位，又各自適合什麼料理方式，此時母親的對策與大多數人相同，亦即，「去問」。

過往而言，傳統市場的價格多較超級市場便宜（那是一個沒有團購、線上商城、蝦皮店到店的年代），尤其在我年幼時，超級市場遠不如今日普及、方便，因此母親「求學」的地點便是附近的傳統市場，母親會向攤商詢問今日有什麼優質的肉品、推薦的作法是什麼，然後欣然接受攤商的建議，付款回家。

只不過，不同攤商的介紹內容常有不一致之處，某甲的「里肌」與某乙的「里肌」時常呈現不同的風味，到最後，如此的人際互信便化約為：前往固定攤位，報出約定好的「暗語」。這其中，「邊肉」就是母親最後找到的暗語。

值得一提的是，我長大離家後，雖也曾在附近的傳統市場詢問，卻無人使用此一「暗語」，語音最相似的，大抵是「嘴邊肉」。為了作業便利，母親會使用蒸籠將豬肉整塊蒸熟，餘下的肉湯則可作為煲湯的湯底，其後，將蒸熟的豬肉切片，備好醬油，便可上桌。

蒸熟後的邊肉大半都是瘦肉，只有邊緣有些白嫩嫩的油花，不大有腥味，母親會用慣常的豪邁刀工將之切成略厚的薄片，方便我們夾取、蘸醬。幼時的我往往在正式開飯前就會先情不自禁地吃上小半盤。

是了，醬油也是不可或缺的角色，我出社會後也常在各種麵攤出沒，大部分類似菜品都是使用醬油膏，佐以大量薑絲，但這卻不是我的幼時記憶了。首先，因為我對腥味不太敏感之故（當然也可能是因為母親購買的豬肉足夠新鮮），我向來不太需要去腥的佐料，父親昔年一口肉一口蒜的吃法，我也是過了中年方能領略箇中妙處。

此外，就我記憶所及，家中似乎並無醬油膏，而都是使用醬油，這與我自小便是堅定的醬油黨，不知何者是因、何者是果？總之，用筷子夾取一兩片邊肉，蘸取醬油，將多餘的醬汁刷在白米飯上，便是伴隨我成長的無上美味：白切肉。

這道毫無花巧、幾無特色的料理，與「炒高麗菜」同是母親開放點菜時我的不二名單，作為推介母親廚藝的菜品似乎也談不上適當，特別是這樣作法簡單的菜品，理論上不難重現，但自母親走後，這等龍肝鳳髓般的美味，我卻再也沒能品嘗了。

肉之外也要有魚，這樣的理念似乎衍伸自「吃魚的小孩比較聰明」的時代背景，母親為了三個小孩的健康成長，始終煞費苦心，直到因為肌少症而拿不起鍋鏟的那刻亦然。

在這樣的理念之下，魚料理也成為餐桌上的常客，乾煎鮭魚、破布子蒸鱈魚、烤香魚等等都是母親的拿手菜，「一鯧二午三馬加」更是逢年過節時不可或缺的料理，幼時常聽母親在過年時提到一尾白鯧價格如何如何，當時並無特別感覺，長大才知那是母親沒有保留的把所有的愛都給了孩子。

這許多魚料理中，我最喜愛的是紅燒烏魚，那是只有冬季可以品嘗的美味，母親會將烏魚切成大塊，先簡單煎過，再加入蒜苗、醬油、蠔油等佐料，然後燜煮幾分鐘，待醬汁入味後再起鍋，鮮白的魚肉襯著熱騰騰的醬汁，咀嚼起來口齒留香，實是我冬日裡的美好回憶。

為何在眾多的魚料理中，獨獨對於紅燒烏魚印象深刻？一方面或許是因為烏魚的季節性，每年僅有短短時間能夠享用，二方面則可能是這道料理契合著母親的個性，外表秀麗的母親有著大剌剌的個性，慢火細煎的功夫直到老年才得開悟，在此之前，大塊的魚、俐落的火、滿溢的佐料才是「女俠」的主旋律，微鹹的醬汁則是生怕造成兒女腸胃負擔的溫柔。

行筆至此，實在埋怨此時卻是夏季，縱是想再嘗一口紅燒烏魚也不可得了。

◆甜品：桂圓粥與沙拉蛋

在母親的各式菜品中，於我而言最難書寫的，無疑是桂圓粥，原因在於這道菜品出現的時機，我已忘記是國中或高中，總之是學習繁忙的日子，週六或週日的早上，將醒未醒之際，我總能在自己臥房便聞到桂圓獨有的甜香，此時便有心安的感覺，然後隨著心意再睡個回籠覺，起床時即可見到一鍋煲好的桂圓粥放在餐廳桌上，帶著微溫。

是的，其實我始終沒能目睹這菜品的烹調過程，因為那總在我睡夢中發生，我只能以食客的角度略略述說。

桂圓粥的作法並不困難，粗略地說，便是取「適量」糯米佐入「適量」桂圓，加入「適量」水，然後以蒸或煲方式煮熟，起鍋前依個人喜好拌入砂糖即可。部分食譜有提及以米酒添味的作法，但因母親對於酒味十分敏感，因此母親的習慣是不添加酒的。

除了可以確定「不加酒」之外，其餘「適量」究竟為何？我曾問過母親這問題，但她只是莞爾一笑，「憑感覺」便是祕訣。當然，母親對於「憑感覺」可能有自己的一套理解，大抵而言便是：如果會擔心吃不夠，那就多加點。

因此，甜度之類難以量化的數據姑且不論，糯米與桂圓的比例，大約達到了一比一，每一口都可以嘗到桂圓，其美味讓我幾乎通常只會各留一碗給家人，其餘則通通吃光，因為「愛就是把菜吃光光」。

我本身相當喜愛桂圓，因此這道美食實在讓我念念不忘，當然，與其美味一同刻在心裡的，也包含母親凌晨時分起床洗米煮粥的身影，以及那方如今不知去向的米色陶甕，究竟這份美味是來源於長時間燉煮下蛻化的甜香，或者母親對子女的愛在歲月裡得到昇華，如今也已分不大清了。

時間拉得再早一點，母親有一道菜品應該是專屬於我的「私菜」，那便是「沙拉蛋」，母親似乎是從報紙上看到這道菜譜，其作法十分簡單，但略有些費工：首先要將蛋洗淨蒸熟為白煮蛋，然後取出蛋黃，加入適當沙拉醬，將蛋黃與沙拉醬攪拌均勻後，將其填回蛋白中，便算是大功告成，前後至少半小時工序，換來稚子一口一個的大快朵頤，如今思來，實在對於母親的辛勞滿懷愧疚。

這道菜其實不曾出現在晚餐的餐桌上，而是當我還在念小學時，母親特地做給我的早餐。考慮到費工的程度，很容易便能感受到母親對子女深切的愛，成長過程也曾羨慕於同學外食美而美之類的早餐店，如今的我卻以曾享用過母親製作的「沙拉蛋」而深感自豪。

媽媽的便當*

陳逸帆

小時候，我很不喜歡帶便當，一來是便當很重，二來飯菜是昨天吃過的，三來分量有夠多，每次吃完都飽到一個不行。但我畢竟是個乖孩子，媽媽說要帶便當，我就帶便當，一聲不吭，從小學一直到高中，每一粒米都吃得乾乾淨淨。

媽媽總喜歡煮很多飯菜，非常豪邁，與小家子氣的我完全不同。她總是說，怕我

---

*本文二〇〇七年七月二十九日首次發表於 PTT2 個版，當時母親因為肺部X光檢查結果發現肺部有陰影，自覺罹患肺癌，毫無求生意志，特作此文。記得那日晚間呼喚母親至我房間閱讀此文，母親閱畢，無特別表示。有用乎？無用乎？人生太難，雖已盡力而為，於此不惑之年，仍僅能薛丁格式無憾，僅以本文寥寥記之。

們吃不夠，要我們盡量吃，於是兩個人吃飯煮四道菜，三個人吃飯煮六道菜，四個人吃飯就要八道菜，幸好我們家餐桌不大，否則照這樣推下去，我們家五個人，得煮上十道菜。先別急著說我們奢侈，因為每天煮這麼多，所以常常吃不完，奇怪的是家裡三個小孩吃了那麼多也沒一個長身高，奇哉怪也。

那個時候的我喜歡外食，麥當勞、我家牛排就算是極品中的極品，便利商店的一杯奶茶也稱得上是天降甘霖，我會逮住每個老媽不煮飯的日子，嚷嚷著要吃外面的東西，像是沒見過世面的孩子，外頭的什麼都好。

那時真叛逆呢。

一直到高三留校晚自習，每天總有一餐在外頭吃，那時去的店叫做「兄弟」，一家樸實無華、但是吃不完要剁小指的麵店。分量足，味道夠，重要的是價格中肯。當時的零用錢還很微薄，但我吃完麵還能逛逛超市買杯飲料，日子快活到不行。於是也就胖了，再也瘦不回去。

上了大學，當然更是外食，偏偏難吃的店和昂貴的店參差錯落，要嘛吃得一肚子火，要嘛肥了身體瘦了荷包，於是開始想念媽媽的便當，雖然飯菜是前一天吃過的，但炸豬排什麼的，有時也是齒頰留香，再者是不花錢，分量又夠，然而大學的蒸飯箱一點也不普及，所以大學四年，一次便當也沒吃過。

真有些懷念，那個不鏽鋼的盒子，蒸出來總燙手到一個不行，得用學校的外套去抓才不至於讓便當摔落在地上。對了，還會有個綁便當的帶子，用魔鬼氈之類的東西黏起來，吃完之後書包就輕了，但吃完的便當盒油油的，所以要放到一個紙袋子裡，再套到塑膠袋，這樣才不會弄髒書包。

那是真的會想念的，以前只有撒嬌的時候才會說，但現在是真的了解到，什麼是媽媽的味道，什麼是母親的愛，那是真的可以一口一口在便當裡吃到的。

而不知不覺，媽媽的年紀也越發長了。媽媽已經不再準備便當，因為孩子們都在外頭吃飯、念書，煮的飯菜也不再那麼多了，且因為媽媽身體不好，所以菜色也更清淡了，很多時候沒有肉，就幾道快炒的青菜而已，但母親是愛吃肉的，每每看到她偷吃肉時都要叨唸兩句，然後因為媽媽吃得開心而高興。

現在的我，還是常常得吃外面的東西，媽媽的手藝，確實沒什麼機會品嘗了，說起來，其實從很久以前開始，我和朋友相處的時間就已經比和家人相處的時間要多。而我縱然在家，一個人在房裡的時間又遠遠比和朋友相處的時間更多，然而，那樣的羈絆還是存在的，並不是說沒有時常撒嬌、時常聊天就是不重要，事實上，我能夠安心的待在外頭，就是因為我知道我有個地方可以回去，那裡就是媽媽，是我獨一無二的媽媽，就算有一些缺點，媽媽的溫暖是不會變的。

隨著我的成長，我需要的空間會愈來愈多吧？我需要一個人安靜的念書，我需要和外頭的朋友玩樂，我甚至也必須要娶妻生子，但是，那個我可以回去的地方，如果不存在了，我就算翅膀再強壯再巨大，也沒有什麼意思了。

是那樣的，對我而言，媽媽的便當有時候很沉重，有時甚至讓人想要逃離，但是最後還是會懷念的，最後還是想珍藏的。媽媽的便當，永遠是最重要的。

最害怕也最懷念的滋味

陳玉芬

我對食物的記憶通常不是顏色或味道，看著專家們詳細述說某道菜裡面放了哪些元素、料理方式等，我只能驚嘆！依照美食家推薦嘗試的感想常常是：「嗯，好吃。」但究竟厲害在哪裡，實在說不出個所以然。對我來說，所謂的美食，停留在腦海中的，是品嘗食物當下的感受。

在那個沒有營養午餐的年代，午餐多半是自己帶便當去學校集中蒸熱，中午再扛回教室吃，有些同學則是去合作社買麵包作為午餐。記得國小時帶的便當，媽媽總是準備一個主菜及三個配菜的標準便當，而且都是一早起來現煮的。我的胃口不大，每天的便當總是塞得滿滿的，有魚、有肉、有菜，另外還有一袋水果。吃久了看到同學帶整盒的水餃，心中不免想著，我也好想吃水餃便當啊！長大後才知道，媽媽為我準備的便當，比水餃費時多了。

那個年代有聯考，國中三年級是壓力很大的一年，要準備人生第一個聯考。白天被上課與考試填滿，晚上還要留在學校繼續念書、寫作業，直到晚上九點才回家。媽媽為了讓我有體力，每天早餐特地為我加一個荷包蛋。站在爐前，熟練地打開雞蛋，將蛋液輕輕倒入熱鍋中。只聽見「滋啦」一聲，蛋白迅速凝固，邊緣漸漸變成金黃色，而蛋黃仍舊圓潤飽滿，微微顫動。沒多久，再以迅雷不及掩耳的速度將蛋翻面，那「滋啦滋啦」聲格外響亮，像是大雨打在屋簷上，伴隨著濃郁的香氣。我知道，特別為我準備的考生荷包蛋快要上桌了。

荷包蛋煎好後，媽媽會從廚房夾到我的碗裡，催促我趁熱吃，看著那蛋白微酥，蛋黃軟嫩的荷包蛋，內心不免沉重了起來，因為我得在短時間內吃完，開啟考試滿檔的一天。過了這麼多年，早餐吃什麼已經不記得，腦海中唯一浮現的，就是那每天都有、吃到害怕的「考生荷包蛋」。

聯考過後，荷包蛋就從早餐消失。往後的日子裡，也鮮少再吃荷包蛋。尤其在進入社會後，品嘗各式美食、出國嘗試異國料理，絕世珍饈亦是體會了不少。有趣的是，永遠有新的美食挑戰你的味蕾，驚豔你的舌尖。每每驚異於各種元素創造出的神奇佳餚，在享受溫度、口感、層次分明的滋味如交響樂般和諧共鳴，刺激視覺、嗅覺與味覺各種感官的同時，總缺少了一份感動。

如今，奔波於生活與工作之間的我，每當疲憊時，想起的卻總是媽媽那令人害怕又讓人懷念的荷包蛋。荷包蛋或許不是珍饈美味，然而，它是我心中最溫暖的家常味。那份溫暖的味道，彷彿能穿越時光，帶我回到有媽媽的快樂日子，簡單，卻令人滿足。

一直害怕寫這篇文章，就如同害怕荷包蛋一樣，害怕回憶起媽媽那令人想念的味道。拖了許久，總算是寫出來了。荷包蛋承載著我求學時光最深刻的回憶與媽媽無微不至的愛，是我最思念的滋味。

媽媽吃魚頭：臺灣飲食學者的家庭餐桌小史

2025年9月初版　　定價：新臺幣380元
有著作權・翻印必究
Printed in Taiwan.

著者	陳玉箴
叢書主編	黃淑真
副總編輯	蕭遠芬
校對	陳佩伶
內文排版	張靜怡
繪圖	張芷瑄
封面設計	張芷瑄

出版者	聯經出版事業股份有限公司
地址	新北市汐止區大同路一段369號1樓
叢書編輯電話	(02)86925588轉5322
台北聯經書房	台北市新生南路三段94號
電話	(02)23620308
郵政劃撥帳戶第	0100559-3號
郵撥電話	(02)23620308
印刷者	文聯彩色製版有限公司
總經銷	聯合發行股份有限公司
發行所	新北市新店區寶橋路235巷6弄6號2樓
電話	(02)29178022

編務總監	陳逸華
副總經理	王聰威
總經理	陳芝宇
社長	羅國俊
發行人	林載爵

行政院新聞局出版事業登記證局版臺業字第0130號

本書如有缺頁，破損，倒裝請寄回台北聯經書房更換。　　ISBN　978-957-08-7784-7（平裝）
聯經網址：www.linkingbooks.com.tw
電子信箱：linking@udngroup.com

國家圖書館出版品預行編目資料

媽媽吃魚頭：臺灣飲食學者的家庭餐桌小史/陳玉箴著．
初版．新北市．聯經．2025年9月．272面．14.8×21公分
ISBN　978-957-08-7784-7（平裝）

1.CST：飲食風俗　2.CST：臺灣文化　3.CST：家庭　4.CST：文集

538.7833　　114011579